精彩语录

1
按照巴菲特的解释,分析财务报表很简单:第一,只需要用小学算术;第二,只需要看几个关键指标;第三,只需要分析那些业务相当简单、报表也相当简单的公司。

2
辨别一家企业的好坏有没有什么通用指标呢?我认为主要看三个方面:产品、效率和财力。这三者的关系不是简单加总,而是乘数关系:企业的价值=产品×效率×财力。

3
看一个产品或者服务好不好,主要看两点:"好不好卖"和"赚不赚钱"。好卖表示销量好、客户喜欢。赚钱则是企业生存的关键。

4
用财务的语言,效率高就是企业做事的速度快。比如生产周期、销售周期、收款周期都要比别人短。

5
成功并不取决于你手上有多少资源,而在于你如何利用好手上的资源,财力指的就是运用资金的能力。

6
企业有三张主要的财务报表:资产负债表、利润表和现金流量表。产品代表了企业的盈利情况,对应着利润表。效率是企业对资产的营运效率,对应着资产负债表。财力就是企业对现金流和财务杠杆的管理,对应着现金流量表。

7

资产负债表就像一个多宝格，有左右两个部分，左边代表权利，右边代表义务。左边代表你所拥有和控制的资产；右边代表负债和对股东的义务。好比一个家庭，你可以拥有爱和被爱的权利，但同时也有为爱付出的义务，而权利和义务恰好是相等的，就像资产负债表左右相等一样。

8

如果把企业看作一个人，资产负债表就好比人体的骨骼，是基础。骨骼并非越大越好，而是要强健，企业不能一味追求资产规模的扩充，而应当努力提高资产质量。利润表好比人体的肌肉，肌肉要强健有力，要有爆发力，更要有持久力，企业的增长应是盈利性增长。现金流量好比流动的血液，有真金白银才能活下去，俗话说："不怕没钱赚，就怕链条断。"

9

新手看利润表，看到的是收入、成本、费用、税金、利润等罗列的数字，看企业赚不赚钱；高手看利润表，看企业是如何赚钱的，以后还能不能继续赚钱。

10

企业销售收入增长有五大驱动因素：①产品定价的能力；②提升销量的能力；③地域扩张；④全球化；⑤产品创新的能力。按此顺序依次考量。

11

销售收入增长率越高就一定越好吗？不一定，比如我们平常吃的鸡肉，如果鸡长太快，可能是饲料用得过度了，肉质不一定好。分析销售收入的增长，一看销售收入增长率高不高，二看销售收入增长是不是可持续。

12

工厂的两班倒、麦当劳的24小时营业、星巴克在午餐和晚餐的冷清期推出三明治，都是为了延长固定资产的实际使用时间，摊薄营运成本，从而提升营运效率和利润。

13

"季"是服装企业存货周转率的概念，所以服装企业的存货周转率一般都要高于4，这样才能保证服装在销售时都能符合当"季"需求。如果存货周转率小于4，服装企业就会面临打折清仓的压力。

14

现金流量表有三个组成部分：第一部分经营活动的现金流量代表企业的"造血"功能；第二部分投资活动的现金流量代表企业的"放血"功能，企业可以在资金充沛时适当"献血"，做好未来的储备；第三部分筹资活动的现金流量是"输血"功能，是企业从外部筹集资金的能力。

15

筹资活动说时髦一点，就是圈点钱回来。到哪里去"圈"呢？无外乎两个地方，一个是股票市场，一个是债券市场，第一种是以股本的形式，第二种是以负债的形式。

16

管理费用就像一个箩筐，"见不得光"的费用都往里装。销售费用和营业收入之间有逻辑对应关系，你肯定无法相信一个销售额巨大的公司却没有销售费用，但这在上市公司中绝不少见。

看懂一家企业的三项指标和五大能力

- 产品
- 效率
- 财力

- 发展能力
- 控制能力
- 营运能力
- 偿付能力
- 盈利能力

数字化管理企业的基本模型——"五力"模型

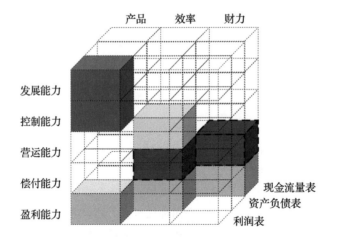

让财报说话

世界500强CFO带你轻松读财报

郑永强 著

机械工业出版社
China Machine Press

图书在版编目（CIP）数据

让财报说话：世界 500 强 CFO 带你轻松读财报 / 郑永强著 . —北京：机械工业出版社，2019.10（2023.12 重印）

ISBN 978-7-111-63641-0

I. 让… II. 郑… III. 会计报表 – 基本知识 IV. F231.5

中国版本图书馆 CIP 数据核字（2019）第 193047 号

让财报说话：世界 500 强 CFO 带你轻松读财报

出版发行：机械工业出版社（北京市西城区百万庄大街 22 号 邮政编码：100037）	
责任编辑：鲜梦思	责任校对：殷 虹
印　　刷：北京建宏印刷有限公司	版　　次：2023 年 12 月第 1 版第 6 次印刷
开　　本：170mm×230mm　1/16	印　　张：16
书　　号：ISBN 978-7-111-63641-0	定　　价：59.00 元

客服电话：（010）88361066　68326294

版权所有·侵权必究
封底无防伪标均为盗版

| 前　言 |

量化企业的财富管理

　　2018年年中，在一个CFO论坛上，我受邀做了一场关于财务管理的演讲。演讲结束的时候，台下有一位30多岁的女性向我提问。2008年她毕业于国内某知名财经大学，从事会计工作有差不多10年，主要负责企业的总账和会计报表。她很不喜欢现在的工作，原因是工作技术含量低，涉及面窄，而且看不到晋升的机会。"我本身是学会计的，我自以为我对财务报表已经驾轻就熟，但是在2018年公司经营出现状况的时候，我才发现自己没办法通过财务分析做出判断，而面对领导提出的疑问我也不知所措。"科班出身，又有多年的财务工作经验，本应该在职场中叱咤风云，但现在的她对未来有些不知所措，是继续做财务，还是重新选择？

　　2019年春节，我和儿时的朋友一起吃饭。儿时的朋友是上海某知名外企的CEO，销售出身。2018年股市经历了一波跌宕起伏，很多投资者血本无归。他和我聊起他的股市经历，当时他并没有自己的投资策略，同时也不知道自己买的是哪家公司的股票，更不知道这家公司到底是做什么业务的，甚至不知道所投资公司的经营状况好不好，仅仅是一味地听从圈子里的所谓的"专业"投资意见，其前期的确是赚了一些小钱，但到了年底还是满盘皆输。

他不明白自己事业有成，为什么在个人投资上却毫无建树。

是什么让学霸在职场上止步不前？又是什么让那么多投资者在股市中损失惨重？造成这些的原因到底是什么呢？

在我看来，仅仅会看财务报表远远不够，这是财务工作者和股票投资者最基本的工作。更进一步的工作就是要能把公司的财务报表真正读懂，这才是职场升职加薪、股票投资有所建树的奥秘所在。

作为财务工作者和股票投资者，你至少应该了解以下几点。

- 企业的经营状况；
- 投资时机；
- 市场看法。

这就好比我们中国人常说的地利（企业的经营状况）、天时（投资时机）和人和（市场看法）。在投资过程中，最重要的是第一点——企业的经营状况。一家企业有没有价值，值不值得投资，最关键的还是要看企业本身的经营状况。如果一家企业自身经营状况非常糟糕，怎么可能会有投资价值呢？我们更不用期待它会产生投资回报。所以一家企业的经营状况决定了一家企业的价值。

***

这是我亲身经历的两件事，企业的财务管理（数字管理）成了学霸和企业高管事业发展的瓶颈。

曾经的全球首富、石油大亨洛克菲勒曾经说过："**并不是每个对数字敏感的人都会成为优秀的老板，但是优秀的老板会牢牢把握企**

业的数字。相反，使企业倒闭的经营者几乎都是数字盲。"洛克菲勒的第一份工作就是会计。

财务管理难不难？一提到财务管理，很多人就会联想到很多令人望而生畏的专业术语和数字，更多人会认为这是会计干的事情，与自己无关，根本没有必要了解和学习。当然，也有不少人注意到这些数字的重要性，想学，但又不知道从何处下手。如果你看到数字就发怵，却口口声声说要升职、发财、做CEO、当老板，那么我只好送你一句："做你的白日梦去吧！"

不管是卓有成就的企业家、赫赫有名的科技金融大鳄，还是掌舵跨国企业的CEO，没有一个不是企业管理的专家，而他们管理企业的工具就是数字。我从事财务管理工作多年，从底层的分析人员，一路做到企业高管，每天都和数字打交道。随着自己视野的不断拓宽，我越来越感觉到数字对企业管理的重要性。一个有意思的现象是，在现今企业里，多数高管都会对公司的财务数字很敏感且很重视。只有认真解读数字，才能做出正确的决定。不懂数字，如何在企业中找到自己的提升空间？如何创业成功？又如何带领企业走向卓越呢？

基于我常年的财务工作经验，分析财务数据的确是一件枯燥的事情，不要说非专业人员，即使是专业人员有时候都会觉得乏味。不过正如我前面所说，数据仅仅是一种工具，就像学习数学一样，我们学习的是解题思路和方法，不用死记硬背各种定理。作为企业家或者企业管理层，只要了解数据工具的简单应用或者数字管理的思路，企业管理就会变得简单而有效。

所以，枯燥的数字、庞杂的财务概念，以及很多人一辈子也没明白的会计学的"借"和"贷",这些都不是我想讨论的重点,**本书中将不会出现很多专业术语,而是将量化管理的理念分享给读者,帮助管理者、创业者和投资者了解财务数据如何体现公司的运作情况,如何通过财务管理帮助企业实现更快、更好的发展。**

***

什么是财务管理?财务管理就是用数字对企业进行量化管理,把企业所有的经济行为都量化成数字,用数字衡量企业运营的好坏。这就好比我们去医院体检和化验,体检报告上的每个指标都有定性或者定量的信息,旁边都会有一个正常范围;企业的财务数据也是同样的道理,我们可以通过财务数据了解企业的情况,同时参照一些市场数据,判断企业所处的市场地位和真实情况,并了解未来企业改善的方向和努力目标。没有这些数据,或者虽然有这些数据,但企业不加以利用,不去探究其背后的问题,就像是有的人从来不做体检,也不知道自己的健康状况,倘若突然有一天被告知到了癌症晚期,再去医治,已经于事无补了。这样的企业经营,也必然只能是脚踩西瓜皮,走到哪儿滑到哪儿,效果和效率一定不会太好。

本书的目的就是用通俗易懂的方式,将财务管理,尤其是数字化管理的企业管理理念分享给读者,让读者能够一目了然,快速掌握。

***

本书总体上分为两个部分,第一部分展示企业的财务报表,讲解企业财务报表中各项目所代表的经济含义,就像是先给读者展示企业的体检表,让大家先了解各项目对应的企业健康指标。第二部分讲述企业财务管理的实战运用和案例分析，就像是了解指标的联动关系，提示企业应该如何对症下药，改善自身的健康状况。

在写作本书的过程中，我得到了很多朋友的大力支持和宝贵的建议。在朋友的建议中，有一种倾向性的建议。当下很多企业管理者和创业者对财务基础都略有了解，因此他们往往更急切地希望找到一本能帮助自己解决企业财务和管理问题的工具书，并将书中的分析方法和财务管理工具运用到实践中。所以本书不会纠结于财报数据的具体计算方法，指标为何如此设定。就像医生不会告诉体检的人，体检的结果是用什么方法得到的，而是直接指出数据指标所指代的含义、对应企业的问题、出现的大致原因和改善方向。

希望本书能够帮助读者尽快地掌握财务管理知识，建立自己的财务监控体系，通过解读分析案例，找到自身的管理问题，帮助自己的企业发展壮大。

在此，特别感谢我的朋友Jackie，他是一个非常优秀和出色的年轻人，知识渊博，善于研究分析，没有他的帮助，很多案例分析就不可能做到如此详尽和完善；也要感谢我的助手Nana，我不善言辞，没有她的帮助，这些文字还是一堆乱糟糟的笔记。

不得不说的是，财务管理体系并非一成不变，日新月异的商业和社会变化必然会促使财务分析和管理体系不断更新与发展。本书提到的想法和理念，未来可能会有些许的变化，希望读者朋友可以学其形、得其神、行其真，灵活地将其运用到日常工作中。

郑永强
于上海

| 目 录 |

前言 量化企业的财富管理

第 1 章 让财务报表说话 1

1.1 财务报表＝作战地图 1
1.2 财务报表＝体检报告 3
1.3 练就一双火眼金睛 4
1.4 解读企业的三项指标 6
    1.4.1 产品：看利润表 6
    1.4.2 效率：看资产负债表 8
    1.4.3 财力：看现金流量表 9
1.5 分析企业的五力模型 11

第 2 章 初识财务报表 13

2.1 想说爱你不容易 13
2.2 与三份财务报表的第一次邂逅 14
    2.2.1 你的资产负债表 14
    2.2.2 你的利润表 15
    2.2.3 你的现金流量表 16
2.3 四份财务报表的关系 17

第 3 章　资产负债表　20

- 3.1　从威尼斯商人看资产负债表　20
- 3.2　资产负债表就是一个多宝格　22
  - 3.2.1　流动资产　25
  - 3.2.2　长期资产　25
  - 3.2.3　流动负债　26
  - 3.2.4　长期负债　27
  - 3.2.5　所有者权益　27
- 3.3　一家汉堡店的资产负债表　28
- 3.4　企业资金的来源和用资代价　34
- 3.5　10 个关键指标，拆解资产负债表　36
- 3.6　案例：早看懂资产负债表，你已经是茅台的股东了　38
  - 3.6.1　贵州茅台一路飘红　38
  - 3.6.2　解读资产负债表　39
- 3.7　案例：练就火眼金睛，识别财务造假　43
  - 3.7.1　五种造假手段　44
  - 3.7.2　步森股份借壳康华农业的财务造假事件　45

第 4 章　利润表　46

- 4.1　它们凭什么进世界 500 强　46
- 4.2　详解利润表：企业是如何赚钱的　49
- 4.3　一家汉堡店的利润表　52
- 4.4　三项原则，抓住利润表的核心　55
  - 4.4.1　营业收入和营业成本　56
  - 4.4.2　毛利率　57
  - 4.4.3　三项费用　58
- 4.5　案例：东南融通，第一家在纽交所上市的软件公司缘何突然退市　59

4.5.1 事件起因 61
 4.5.2 事件分析 62
 4.5.3 小结 64

第5章 现金流量表 66

5.1 胡雪岩的遗憾 66
5.2 详解现金流量表：企业的资金流水账 68
 5.2.1 经营活动产生的现金流量 69
 5.2.2 投资活动产生的现金流量 70
 5.2.3 筹资活动产生的现金流量 71
5.3 一家汉堡店的现金流量表 73
5.4 企业财务生态管理四象限 77
5.5 案例：绿城地产黯然"卖身" 80
 5.5.1 第一次"卖身"：九龙仓收购绿城 81
 5.5.2 "卖身"背后的原因分析 82
 5.5.3 引入九龙仓 87
 5.5.4 第二次"卖身" 91
 5.5.5 小结 92

第6章 发展能力 95

6.1 巴菲特最关注的指标 95
6.2 销售收入 96
 6.2.1 销售收入的增长率和增长的持续性 96
 6.2.2 销售收入增长的含金量 100
6.3 销售收入增长的五大驱动因素 102
 6.3.1 价格第一 102
 6.3.2 提升销售量 109
 6.3.3 地域扩张 109
 6.3.4 全球化 111
 6.3.5 新产品驱动 112
 6.3.6 发展能力总结 113

6.4 案例：啤酒公司跨界"吃药" 116
    6.4.1 中国啤酒市场 117
    6.4.2 重庆啤酒的发展与扩张 119
    6.4.3 决策失误，股价雪崩 121
    6.4.4 小结 123

第7章 控制能力 125

7.1 乐视网的困局 125
    7.1.1 乐视的繁华与落幕 125
    7.1.2 乐视的扩张之路 126
    7.1.3 理想的丰满，资源的骨感 128

7.2 成本控制能力 129
    7.2.1 一瓶矿泉水的成本控制 129
    7.2.2 丰田公司的准时制生产 132
    7.2.3 春秋航空：廉价机票的背后 133

7.3 案例：沃尔玛，成本控制的"丐帮"高手 135
    7.3.1 低价才是王道 135
    7.3.2 并购的智慧：沃尔玛的中国成本战略 137
    7.3.3 争时间：布局全国（时间成本） 138
    7.3.4 抢空间：拓宽渠道（销售和营运成本） 141
    7.3.5 要效益：整合资源（降低直接成本） 145
    7.3.6 小结 148

7.4 预算控制能力 150
    7.4.1 什么是预算控制 150
    7.4.2 如何进行预算控制 151

7.5 案例：商界活化石——GKN 152
    7.5.1 GKN的发展简史 152
    7.5.2 勇敢的冒险源自稳健的财技 154

7.5.3 完善的预算体系　155
7.5.4 小结　160

第 8 章　营运能力　162

8.1 连年亏损的香港迪士尼　162
8.2 从运营效率看企业管理　163
8.3 周转率和效率　164
8.4 应收账款管理：尽快收回企业散落在各地的每一分钱　165
　　8.4.1 应收账款周转率和周转天数　165
　　8.4.2 应收账款分析　166
　　8.4.3 应收账款的管理措施　168
8.5 存货管理：能卖掉产品的公司才是好公司　171
　　8.5.1 存货周转率和周转天数　171
　　8.5.2 案例：美邦服饰的警钟　173
8.6 货币资金管理：流水不腐，户枢不蠹　179
　　8.6.1 现金周期　179
　　8.6.2 三大行业的现金周期比较　182
　　8.6.3 货币资金短缺与盈余　186
8.7 固定资产管理　188
8.8 总资产运营效率　191
　　8.8.1 总资产周转率　191
　　8.8.2 万科稳中求胜　193

第 9 章　盈利能力　195

9.1 盈利是发展的垫脚石　195
9.2 毛利率：企业利润的"起点"　196
9.3 净利润率：企业实际的盈利能力　199
9.4 净资产收益率：ROE　201
9.5 杜邦分析法案例　204

第 10 章　偿债能力　210

- 10.1　史玉柱：成功的失败者　210
- 10.2　企业长期偿债能力：资产负债率　213
  - 10.2.1　债权人视角　214
  - 10.2.2　投资者（股东）视角　215
  - 10.2.3　经营者视角　216
- 10.3　企业短期偿债能力：流动比率、速动比率　219
  - 10.3.1　流动比率　219
  - 10.3.2　速动比率　220
- 10.4　案例：蓝田的丑剧　222
- 10.5　小结　227

第 11 章　好公司、坏公司　229

- 11.1　华尔街精英友人的启示　229
- 11.2　草根创业者们也不愿错失的 20 年　230
- 11.3　从财务报表看价值投资的时代　230
- 11.4　所有人都想知道的答案　231
- 11.5　好公司还是坏公司　232
  - 11.5.1　好公司的利润表特征　232
  - 11.5.2　好公司的资产负债表特征　234
  - 11.5.3　好公司的现金流量表特征　235
- 11.6　真正的高手从不只学一半　236

| 第 1 章 |

让财务报表说话

作为企业管理者,我们总是在思考如何才能管理好一家企业。在企业起步时,或许靠的是激情、创意和团队成员的互相扶持,可当企业发展壮大后,要保持竞争优势是否还能再依靠这些因素呢?很多人会说要依靠管理,那么究竟要靠什么来进行管理呢?

1.1 财务报表=作战地图

战争片,想必大家看了很多,除了战场上战士厮杀的镜头外,出现最多的镜头就是军队的首脑在指挥部里运筹帷幄的场面。

最高指挥官和他的参谋长以及各个方面的军事首领一起在作战会议室里讨论战略、战术以及战斗计划,并发布作战指令。当指令发布后,指挥官或焦急或耐心地等待战斗的进展,通讯员则不停地反馈和汇报战场上各个部队的行军及战斗情况,你往往会听到"某某部队已经到达指定地点""某某部队偏离原先路线××千米""某某部队已经占领预定目标"或者"某某部队失守,全线阵亡"等汇报。这时,坐在指挥部的最高指挥官和参谋长，负责对整体战局和形势做出分析、判断，并采取措施，下达指令，指挥部队取得胜利，这就是战斗管理。

商场如战场，企业管理和战争管理非常相似。企业就好比是一支身处战斗中的军队，企业的发展壮大就好比在一场持久战中屡屡获胜。企业的CEO是战争中的最高指挥官（司令），各方面的高级管理人员是战争中的各个战斗业务群的最高领导。比如，负责销售的副总裁就像战争中一线战斗部队的军事指挥官，负责进攻或防守，争夺市场份额；负责生产制造、营运的副总裁就像后勤保障部队的指挥官，负责后台营运、运输和提供销售支持及保障；而首席财务官（CFO）则像战争中的参谋长，帮助CEO制订战略和规划，运筹帷幄，同时帮助CEO做出合理、正确的决定。

有没有哪个指挥部里没有出现过地图？肯定没有。通过地图，指挥官可以定位目前他们正处在什么样的环境中，他们进军的目标在哪里，他们要占领目标有哪些途径。没有地图，不可能赢得战争。

战争中大量被使用的地图，在现实的企业管理中，就是我们需要用来反映企业经营情况的各类财务报表。财务报表可以帮助企业明确定位："我们在哪里""我们的目标在哪里""我们有哪些可以达到目标的途径"。弄清楚定位，可以帮助企业找到实现目标并在商战中立于不败之地的路径。这就是财务报表——商战中的地图。

如果企业家不懂财务报表，就像指挥官看不懂地图，在商战中就是个纯粹的"盲人"，赢一两次是运气，一而再再而三的失败却是必然。很多人都想知道，为什么股神巴菲特投资所赚的钱比他们要多得多，巴菲特一语道破天机："美国99%的男人将看《花花公子》杂志作为娱乐，我呢？我看公司的财务报表娱乐自己。"

读懂财务报表是一个成功企业家的必备素养，也是管理好企业的前提。

1.2　财务报表=体检报告

面对市面上各种各样的股市"投资秘籍"，要从数千只股票中挑选出珍宝级股票，很多投资者都感慨其难度太大了。那么有没有特别高明的"打怪攻略"，能让投资者得偿所愿呢？

要想知道股票值多少钱，首先要知道公司值多少钱。怎样估计这家公司到底值多少钱呢？一个很笨却很有用的方法就是给公司"做体检"：放弃那些盈利很不稳定、很难预测的公司（不健康），只寻找未来现金流量十分稳定、十分容易预测的公司（年轻健康）。这类公司有三个特点：一是业务简单且稳定，二是有持续竞争优势，三是盈利持续稳定。这就是巴菲特选出好公司的非常保守却非常可靠的方法。

那么投资者应该如何找到这种既年轻又健康的公司呢？上市公司每年都要向股东公布上一年的年度财务报表（简称年报），这就是公司每年一次的体检报告。在年报中，公司向股东汇报过去一年的经营情况，其中最重要的就是财务报表，所有的财务数据都在财务报表中反映。

现在，很多投资者都明白分析财务报表的重要性，但大家担心分析财务报表需要很多专业知识，如果自己根本不懂财务，要学会就太难了。实际上，按照巴菲特的解释，**分析财务报表很简单：第一，只需要用小学算术；第二，只需要看几个关键指标；第三，只需要分析那些业务相当简单、报表也相当简单的公司。**

如果你想在装备不好的时候打怪升级，就要好好用心学习如何阅读、分析公司财务报表，那才是最简单、有效的打怪攻略。

1.3 练就一双火眼金睛

一家公司好不好，该如何看？有人说，"看总经理的能力啊""看企业管理的效率啊""看产品有没有销路啊"。每个人的看法和观点可能都不一样。那么，**有没有通用的指标可以用来辨别一家企业的好坏呢？我认为主要看三方面：产品、效率和财力。**

第一，企业永远是以卖产品或服务为生的，如果没有产品或服务，企业就没有生存发展的基础。有人会说："不是啊，很多大公司不是做渠道的吗？比如京东、淘宝网。"京东、淘宝网不正是在提供它们的渠道服务，以赚取收入的吗？归根结底，**任何企业都是以卖产品或服务为生的。所以，产品（以下将服务也归类为企业的无形产品）是企业管理者必须关注的重中之重，没有好的产品，就没有好的企业。**

第二，有了一个好产品，接下来要重视的是什么呢？我记得在《甲午大海战》这部纪录片中，不断提及北洋水师的军舰在当时有多么先进、多么厉害，但最终在战争中还是全军覆没了。是对手太厉害吗？不是，是北洋水师自身的战斗力太弱。再先进的战斗武器，在自身孱弱、管理低效的军队手里也是发挥不出作用的。

俗话说，"好马配好鞍"，但也要有好骑手。好产品的确至关重要，但再好的产品也要有好的企业运营，才能生存和发展。那么，什么才是好的企业运营，它的标志又是什么呢？效率。好企业都有相似之处——高效率。我们以一个很有意思、大家也熟识的产品为例，ICQ 曾经是世界排名第一的通信软件,而我们熟知的 QQ 传说只是复制了 ICQ 的功能(见图 1-1)。同样是好产品,不同的团队运作,ICQ 早已淡出我们的视线,而 QQ 却如日中天,现在还发展出了微信,覆盖了几亿名用户,两者之间的差异何在?效率。所以,**企业不仅要有好的产品,也要管理好自身的效率。**

图 1-1　QQ 击败了 ICQ

第三,就像打仗,不论是过去还是现在,如果两国势均力敌,拼到最后,拼的是什么?其实很简单,拼的就是财力。一颗导弹几百万美元,战争的胜利就是看谁有钱,谁扔得起,现代战争更是如此。那么企业之间,一样的产品、一样的管理效率,分出胜负靠的就是"财力",或者说企业调动和运用资金的能力。

企业管理归根结底就是要管好三件事情:产品、效率和财力。这三者的关系,并非我们日常理解的"1 + 1 + 1 = 3"那么简单,它们是乘数关系:

企业的价值 = 产品 × 效率 × 财力

这也就意味着,企业不可以只专注其中的某个方面,一个方面的高分并不会给企业带来巨大的利益和契机。比如,企业拥有一款好产品,产品得分 100 分,但企业营运效率极其低下,效率得分权 0 分,那么无论企业的"财力"如何,它始终得到的都是 0 分。乘数效应的好处是,如果三项指标都做到最好，那么企业一定可以得到超高的分数，企业的价值就会最大化。但是只要三项指标中有一项做得不好，则整体经营状况就可能出现问题。因此企业需要花功夫、花精力去分别关注三项指标，确保三项指标——产品、效率和财力能够做到最好。

1.4 解读企业的三项指标

企业管理的关键，就是管好三件事情：产品、效率和财力。那么，企业管理者如何判断企业这三项指标的表现呢？

大家可能知道，**企业有三份主要的财务报表：资产负债表、利润表和现金流量表**。这三份财务报表是企业管理中最常被用到的。所谓的产品就是企业主要销售的产品，卖产品会给企业带来利润，所以产品代表了企业的盈利情况，对应着利润表。效率就是企业对资产的营运效率，对应着资产负债表。财力就是企业对现有资金和财务杠杆的管理，对应着现金流量表。企业管理的关键要素都可以通过一些通用指标来判断，这些指标就隐藏在我们的财务报表中。

可能有人会说，看财务报表有什么难的？不就是资产、负债、收入、支出吗？的确，看明白财务报表上的数字并不难，难的是如何找到企业存在的问题，如何找到改进的机会，如何找到有效的管理办法这才是关键中的关键。

1.4.1 产品：看利润表

看一款产品或者服务好不好，主要看两点："好不好卖"和"赚不赚钱"。好卖，表示销量好，客户喜欢，而赚钱是企业生存的关键。好卖不赚钱，企业越卖越亏；赚钱不好卖，企业没销量也无法生存。企业在关注产品时,要做到既"好卖"又"赚钱"。

什么可以告诉你企业的产品或服务是不是好卖,是不是赚钱?利润表!利润表(简化利润表见表 1-1)的第一行,英文称为"Top Line",一般都是公司的营业收入,公司的产品或服务好不好卖就看这个数字,这个数字越大越好,增长越快越好。而与第一行相对应的是利润表的最后一行,即"Bottom Line",它是公司的净利润,赚不赚钱就看这个数字。净利润是正数,代表赚钱,正数值越大就代表越赚钱;如果净利润是负数,则代表亏钱,负数值越大则亏得越多。所以第一行和最后一行一般是数值越大越好,这就是我们所说的"卖得好而且赚钱"的公司。

表 1-1 利润表(简化版)

20××年度	
项目	金额(元)
营业收入	
减:营业成本	
毛利润	
减:销售费用	
管理费用	
财务费用	
加:投资收益	
营业利润	
减:所得税费用	
净利润	

我们还必须关注一点,销售利润是永远不可能超过销售收入的,因为企业必然会有成本,即使没有有形的产品,也会有人力成本,当然做假账的情况除外。另外,我们不仅要关注"卖得好而且赚到钱",还要关注两者的关系。我们喜欢的企业应该是,"卖得好"而且"更赚钱"。这里"更赚钱"是指企业的净利润率更高,也就是同样的销售收入,花

费的成本更低，净利润更高。苹果就是一家这样的好公司，不仅产品卖得好，而且利润率高。

关注产品，我们主要看企业的利润表，一家企业的产品好不好，就看利润表所反映的情况是否好。

1.4.2 效率：看资产负债表

接下来，我们看企业的效率，企业效率的高低可以从哪些指标得知呢？企业的效率管理又可以从哪些方面入手呢？

我们经常听人说"某公司的效率很高""某机器生产效率很高"。在这里，效率一般指的是某种资产、某个人甚至某个项目的效率，我们一般不会说某个产品的效率如何。

中国房产行业的龙头企业万科，除了老板特别出名外，在业内最为出名的是盖房子的效率非常高。其他企业需要 2 年才能盖完的房子，万科基本上 1 年半就能完成。这样的高效率会给万科带来哪些好处呢？众所周知，万科用 10 多年的时间就成了房地产行业的龙头老大，并且当了近 10 年的地产 "一哥"。这其中的道理其实很简单：效率高的企业，同样的时间，可以生产和销售更多的产品，取得更多的收入和利润回报，所以投资回报率就会更高，企业规模就可以做得更大。这就是效率对企业最大的帮助和现实意义所在。

用财务的语言来说，效率高也就是企业做事的速度快，比如生产周期、销售周期、收款周期都要比别人短。生产周期与企业的机器设备有关，机器设备的生产效率越高，则生产周期越短；销售周期则与企业的库存商品有关，库存商品卖得越快，说明销售周期越短；收款周期与企业收回应收账款的能力有关，应收账款回收越快，收款周期越短，公司的收款管理效率就越高。

以上的生产周期、销售周期、回款周期数据，你又可以从哪里得知呢？由上可知，企业的生产周期、销售周期、收款周期和企业的固定资产（机器设备）、存货（库存商品）以及应收账款（客户欠款）的管理效率直接相关。固定资产、存货以及应收账款管理的好坏，直接影响到企业的效率。固定资产、存货以及应收账款又是企业资产的主要组成部分，因此要管好企业效率就是要管好企业资产的运用效率。所以，资产负债表就是用来监控企业效率的财务报表。通过对资产负债表的解读分析和管理，并结合利润表的要素，我们可以判断企业的效率。

1.4.3　财力：看现金流量表

企业的竞争不仅是"产品""效率"的竞争，也是"财力"的竞争。了解一家企业的"财力"情况需要看哪张表呢？现金流量表。现金流量表记录了公司现金的流入、流出以及运用情况，钱从哪里来，到哪里去，只要看现金流量表，就能一目了然。

不过，仅仅知道钱从哪里来，用到哪里去了，只是第一步，你需要探究的是如何提升资金的使用效率。我之前听过这样一个故事，有一位射击运动员，刚开始训练的时候，教练每天给他300发子弹，而他训练时漫不经心，成绩总是无法提高。之后教练改变了训练方法，每天只给他一发子弹，并告诉他没有射中靶心不准离开靶场，从此以后他训练时就变得格外认真。这个人就是苏联的第一位奥运会射击冠军，他的名字叫鲍格丹诺夫。这个故事说明，成功并不取决于你手上有多少资源，而在于你如何利用好你的资源。经营企业也是同样的道理，财大气粗的企业就一定能够成功吗？不见得，多少资金雄厚的企业用光了钱却没有换来应有的收益，而高效利用资金的企业往往会成为排头兵。所以，这里的"财力"是指运用资金的能力。

再举一个大家熟悉的例子。市场上有一套房子，目前市值 100 万元。作为普通老百姓，我们很可能会倾其所有，用手头所有的现金支付房款。等若干年后，房价涨到 200 万元时，我们抛出，净赚了 100 万元。这个时候，我们已经感到非常高兴了。然而，面对同样的机会，有这样一部分人采取了另一种方式。他们用手头有的 100 万元，买了 10 套房子，每套房子支付 10 万元的首付，剩下的钱全向银行贷款。等若干年后，房价涨到了 200 万元，他们全部抛出，一共赚了 1000 万元，是普通老百姓赚的 10 倍！

这并不是我虚构的故事，十几年前温州人就是这样做的（见图 1-2），他们充分利用了银行贷款，我们赚 1 元的时候他们赚了 10 元。⊖这也就是浙商历史上广为流传的"十个罐子九个盖"的商业逻辑。从财务角度看，这也是充分利用了资产和负债的比率，俗称"财务杠杆"。

图 1-2　温州炒房团贷款炒房

要把握一家企业的"财力"，不仅要看现金流量表这份监控企业现金流状况的表格，同时也要结合资产负债表上的资产负债结构（财务杠杆），

⊖ 温州炒房团在带来财富的同时，给部分地区的人们带来了许多不便。

用最优的方式充分利用企业的资本结构,以获得更高效的回报。

1.5 分析企业的五力模型

我们了解了管理好企业关键在于管理好企业的产品、效率和财力,接下来,我们该如何分析这些要素,如何把握这些基点,从而切切实实地管理好企业呢?数字化管理企业的基本模型——五力模型(见图1-3)将是我们分析和解决问题的切入点。

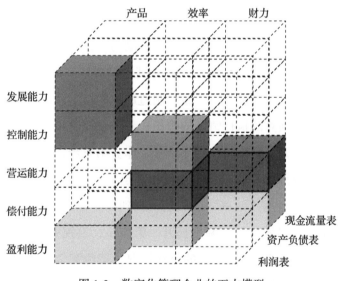

图1-3 数字化管理企业的五力模型

一家好公司必须具备五个方面的能力,其中包括与"产品"相关的"发展能力"和"控制能力",与"效率"相关的"营运能力",与"财力"相关的"偿付能力",以及综合涵盖所有方面的"盈利能力"。一旦企业家掌握了这五大能力,整个企业基本上就尽在他的掌握之中了。五力模型的详细解释如表1-2所示。

表 1-2　五力模型的详细解释

企业的价值=	产品（利润表）×	效率（资产负债表）×	财力（现金流量表）
发展能力	● 销售收入增长 ● 收入增长的驱动因素		
控制能力	● 成本控制 ● 预算控制		
营运能力		● 应收账款 ● 存货 ● 固定资产	
偿付能力		● 资产负债率	● 经营活动的现金流
盈利能力	● 毛利率 ● 净利率	● 资产周转率	● 财务杠杆

作为企业的管理者，第一步，必须永远重视"产品"的发展能力，找到"产品"发展和增长的基本动因与原动力，推动企业快速和稳步发展。第二步，强化企业的控制能力，尤其是针对"产品"的控制能力。这里的控制能力，不仅包括"产品"制造成本的控制，而且包括对"产品"销售和管理预算的执行情况的控制；不仅要控制结果，还要控制过程，建立全面预算管理体制，指导日常工作。第三步，把握企业的营运能力，从企业内部的应收账款、存货和固定资产等内部资产运作入手，找出并突破资产运用"效率"的瓶颈，找到商业模式的基点和关键点，从而使企业运作"效率"大幅度提升。第四步，重视企业的偿付能力，关注企业的"财力"，监控资金的流动情况，避免资金链断裂，同时充分利用财务杠杆，力求投资者价值最大化。第五步，必须整体把控企业的盈利能力，通过对毛利率和净利率、周转率和财务杠杆的分析，制订企业的发展战略，决胜未来。

| 第 2 章 |

初识财务报表

2.1 想说爱你不容易

一说到财务人员,很多人的脑海中浮现的形象就是一丝不苟、一本正经、死板。一提到财务报表,很多人认为那是比"天书"还要难的东西。对于大多数人来说,"爱上"财务、"爱上"财务报表真的好难!

企业的管理者不懂财务报表行不行?阿里巴巴上市,马云赴美做路演,除了讲他的"China Dream"和"China Story"之外,就是和上千名美国投资专家(财务专家)探讨阿里巴巴现在的财务报表以及未来的目标财务收益。因为投资人不关心你的梦想和生态系统,投资人关心的是"现在赚不赚钱""未来会不会赚钱"。对于企业管理者来说,不懂财务报表万万不行。看来,不得不爱,相爱又太难,该怎么办?

财务报表是不是真的那么艰涩难懂呢?很多财务专家或者专业财务人士喜欢用特别严谨、专业的方式来解释和分析财务报表,这样的分析结果往往很难理解。而会计人员更喜欢用又"借"又"贷"的方式分析、解释财务报表,这更让没有财务基础的人听得云里雾里。这就好像当一个普通人夸赞一块好吃的蛋糕时会说:"蛋糕真好吃,我还要再吃一块。"但宫中的娘娘们用"甄嬛体",则会说:"咦,你今儿买的蛋糕是极好的,厚重的芝士配上浓郁的慕斯,是最好不过的了。我愿多品几口,虽会体态渐腴,倒也不负恩泽。"为了避免大家被财务报表中"甄嬛体"的说法绕晕,本书将由我这个不那么专业的财务人员,用"说人话"的方式为你解读被很多人视为比天书还难的财务报表,让你体验"天上""人间"的感觉,从此恋上财务报表。

2.2 与三份财务报表的第一次邂逅

财务报表主要有三份:资产负债表、利润表和现金流量表,它们是企业管理中最常被用到的财务报表。这三份财务报表的功能各不相同,它们将企业各个方面的情况进行了高度的概括和总结,企业管理人员通过分析和解读财务报表对企业进行全方位的管理。接下来,我通过一个个人财务的例子来简单介绍这三份财务报表分别都包含哪些内容。

2.2.1 你的资产负债表

资产负债表主要用来记录资产和负债情况。比如,你现在手头有200万元的现金,打算在清华大学五道口买一套10平方米(只够放一张床)、总价300万元的学区房。当然,你口袋里的钱还不够,只能再向银行贷款100万元。你估摸着这100万元的贷款到孙子辈儿才能还清,但转念一想,一套房子可以造就两代重点小学精英,值!太值了!买下!欢喜之余,你得盘算你的资产和负债状况。你支付了所有的积蓄买了房，那么这时你的资产就是房子，价值300万元；与资产相对应的是负债，负债就是你向银行借的100万元贷款；这时还有一样东西，叫所有权，是指你对这套房子拥有的权利，价值就是你当时的现金投资200万元。根据上面的分析，你的资产负债表上的数据如下：资产是300万元，负债是100万元，所有者（你）对房子所拥有的权利价值（财务管理上称为所有者权益）是200万元（见图2-1）。**资产负债表可以帮助你了解你的资产、负债和所拥有的权益。**

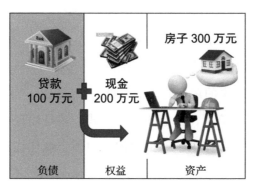

图2-1 你的资产负债表

2.2.2 你的利润表

利润表比资产负债表更容易理解，它记录你在过往的一段时间里到底赚了多少钱，产生了多少利润。比如，你买了房，压力很大，白天上班，月收入8000元；下班后还去王府井摆摊，月收入5000元；晚上还得去小区门口兼职做夜班保安，月收入2000元，每天起早贪黑，一个月收入15 000元，在你的财务报表上，月收入就是15 000元。买房贷了款，每月20日得还房款，一个月10 000元，还得支付各项开支，柴米油盐酱醋茶，孩子用的奶粉、尿不湿，即使过得十分节省，一个月也得花4000元，所以月支出就是14 000元，财务报表上称之为支出

14 000元（见图2-2）。收入减去支出，就是你当月的结余，即结余1000元（= 15 000 – 14 000），财务报表上将这个结余称为利润。因此，利润表就是记录你一段时期内的收入、支出和利润情况的报表。

2.2.3 你的现金流量表

现金流量表是在2000年以后才受到特别重视的，尤其是美国安然造假事件之后，各国都纷纷开始重视现金流量表。不过，我们国家的账房先生很早就

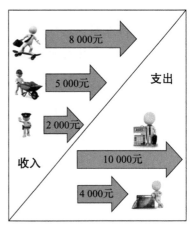

图 2-2 你的利润表

已经非常重视现金流了，他们的记账方式，多是以现金为基础的"流水账"方式。我大致探求了一下原因，中国企业往往以小作坊实业起家，讲求的是"钱货两讫"，没有现金，企业则运转不起来。而这个简单朴素的道理，之前往往被大公司忽略，要知道，很少有公司是因为巨额亏损而轰然倒塌的，突然倒闭的公司往往都是因为现金流的突然断裂，不仅在中国如此，全世界都一样。这个道理，放在个人身上也一样。

继续上面的举例。原来，你的老板每个月都准时发工资，王府井摆摊、当保安值夜班也是收现金，那么你一个月的现金流入就是15 000元。每个月银行的欠款不能打白条，一定是现金支付，而且要准时扣款，同时你也没有打白条的机会和可能，所以生活各项开销都得老老实实地按时支付，这样一来你每个月的现金流出就是14 000元。这时，你当月的现金流入是15 000元，现金流出是14 000元，现金净流入为1000元，结果恰好与利润表一致，皆大欢喜。

谁知，天有不测风云，老板尽管答应你每月给你8000元的工资，不过最近经济不景气，公司业绩不好，暂时发不出工资，要拖欠，所以这个月你的现金流入少了8000元，只有摆摊和夜班保安的现金流入7000（= 5000 + 2000）元。银行贷款到点就得还，不然银行会追讨，甚至上黑名单，后果很严重！4000元的基本开销也是必需的，而且还得是现金，每个月的现金流出仍然是14 000元，一分也不能少。这时，你的现金流量表就不一样了，现金流入为7000元，现金流出为14 000元，现金净流出为7000元。如果这时你口袋里只有7000元，那么你最多能支撑1个月。如果第2个月老板再不发工资，你就得露宿街头了，这个就叫**资金链断裂**（见图2-3）。现金流量表就是记录你一段时间内的现金流入、现金流出以及现金结余情况的报表。

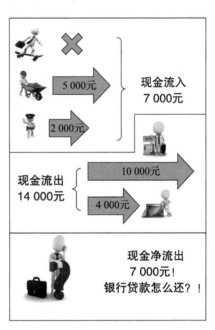

图2-3　你的现金流量表

2.3　四份财务报表的关系

通过个人财务与三份财务报表的关系描述，我们可以很容易地理解三份财务报表的基本情况。在财务报表中，其实还有第四份报表——所有者权益变动表，只不过相比前面提到的三份财务报表，它是最没有存在感的一份表。很多专业的分析师在阅读财务报表时，甚至都不看这张表，但它作为保护投资者利益的报表，非常清晰明了地展现了所有者权益的情况。这四份财务报表之间究竟有怎样的关系呢？下面我将用通俗的方法来解释这四份财务报表的关系。

资产负债表是这四份财务报表的基础。用人体来比喻，资产负债表就好比是人体的骨骼（见图2-4）。骨骼并不是越大越好，就像恐龙，仅仅是体积庞大有用吗？骨骼要强健，而不是一味地求大。企业也是同样的道理，不能一味地追求资产规模扩充，而应当努力提高资产质量。很多企业都是因为争第一，最终倒在走向第一的路上。一家好的企业，资产负债表要健康，要高质量，绝不能华而不实、大而无用，最后导致骨质疏松，一触即溃。

图2-4 资产负债表犹如企业的骨骼

利润表则好比是人体的肌肉。肌肉需要强健有力，有冲击力和爆发力，更需要有持久力和耐力。如果肌肉软趴趴的，骨骼再强健，这个人始终是病怏怏的。当然，肌肉最怕的是虚胖，看似不错，内部则都是脂肪。企业也是同样的道理，"虚胖"的利润表，并不利于企业的长期健康发展，未来往往还会引发不同的病症。就像有些国内大型企业，销售收入巨大，但利润微乎其微，甚至出现亏损；一旦经济形势发生巨大变化，这类企业就处于入不敷出的边缘。因此，利润表要剔除"脂肪"，强健有力。

有了强健的骨骼（资产负债表）、有力的肌肉（利润表），这时最关键的是，要有一身流动的血液（现金流量表）。人体得以维持运行的关键是流动的血液,而现金流量则好比是人体内流动着的血液。血液健康最重要的标志是不停地流动,不流动的血液对人体来说是有害无益的,甚至会造成生命危险。

现金流量表是检验和分析企业血液(现金)流动和血液(现金)质量的一份重要的财务报表。通过分析、解读现金流量表,企业的管理者和投资者可以了解,企业的造血机制(经营活动的现金流量)的运行情况如何,企业的体外输血机制(筹资活动的现金流量)的运行情况如何,以及企业的放血机制(投资活动的现金流量)的运行情况如何,从而掌握企业的真实情况,避免出现"造血机能障碍""供血不足""资金链断裂"的问题。现金流量表的关键是流动的现金。

仅仅有肌肉(利润表)、骨骼(资产负债表)和血液(现金流量表)还不够,一个健康的人,肌肉与骨骼是靠肌腱(所有者权益变动表)来连接的。人体是在肌腱的牵引作用下才使肌肉收缩带动不同骨骼的运动。也就是说,肌腱把肌肉附着于骨骼。如果一不小心,最先损伤的就是肌肉,其次才是骨骼。所有者权益变动表就是连接资产负债表和利润表的纽带。一旦股东权益出现了状况,影响最大的就是企业的利润。所以,企业投资者应当非常关注自身的股东身份以及份额的变化。

这四份财务报表好比企业的三维透视图,通过不同的视角和维度来探究企业各个方面的情况,最终帮助企业的管理人员定位企业的问题,寻求解决和完善之道。为了达到此目的,四者缺一不可。

| 第 3 章 |

资产负债表

3.1　从威尼斯商人看资产负债表

莎士比亚在《威尼斯商人》里描述了这样一个故事：鲍西娅，一个富人的女儿，按照她父亲的遗嘱，得到了三个盒子——金盒子、银盒子和铅盒子。其中只有一个盒子里装着她的肖像画，谁选择了正确的盒子，她就嫁给谁。于是，求婚者从世界各地云集至此，都希望能娶到她。

威尼斯镇上有一个年轻人名叫巴萨尼奥，他下定决心要赢得鲍西娅。但是，为了达到自己的愿望，他需要 3000 达克特，这在当时是一笔巨款。于是，他向自己的好友，同时也是一名富有的商人安东尼奥求助。然而，安东尼奥刚把钱投入海上的生意，暂时也无法拿出这么多钱，他被迫向另外一个富有的犹太高利贷者夏洛克借这笔钱。安东尼奥和夏洛克都不喜欢对方：对于安东尼奥来说，他看不起放高利贷的，另外，他不喜欢夏洛克也因为他是犹太人；对于夏洛克来说，安东尼奥借钱给人从不收利息，这样就损害了他的利益。令人匪夷所思的是，夏洛克还是同意借钱给安东尼奥，而且也不收他的利息，但是夏洛克提出了一个奇怪的要求:如果安东尼奥拖欠还款,他将会从安东尼奥身上割下一磅[⊖]肉。

故事的结局是,巴萨尼奥去了贝尔蒙特,他选择了正确的盒子,也赢得了鲍西娅。但安东尼奥的商船失事,资金周转不灵,贷款无力偿还。夏洛克去法庭控告,根据法律条文要安东尼奥履行诺言。为了救安东尼奥的性命,巴萨尼奥的未婚妻鲍西娅假扮律师出庭,她答允夏洛克的要求,但要求所割的一磅肉必须正好是一磅,不能多也不能少,更不准流血。夏洛克因无法执行而败诉,害人不成反而失去了财产。这样,鲍西娅巧妙地挽救了安东尼奥的性命。同时,为了证明自己的爱人是否专心,她要求自己的丈夫交出戒指作为偿还。最后,真相大白,得知原来鲍西娅女扮男装出现在法庭上并救了安东尼奥,巴萨尼奥不禁对自己的妻子刮目相看。

在这个流传了几百年的故事里,除了看到朋友间无私的友谊和高利贷者的刻薄贪婪之外,我们还可以从中搜寻到早期的资产和负债的概念。商人安东尼奥拥有海上的商船资产,但无法应付朋友借取现金的要求,他只能向高利贷者——当时的银行家夏洛克借钱周转,夏洛克当然也不能仅凭信用将一笔巨款放给客户,何况还是他的仇人。他没有要安东尼奥拿自己的资产——商船抵押,而是想借这个机会"惩治"眼中钉,于是他们订立了借款契约。从夏洛克处借来的钱成了安东尼奥的负债,利息是在无法还款的情况下割下自己的一磅肉。安东尼奥的资产——海上商船损失后,无法回收现金来偿还负债——夏洛克的高利贷,于是卑鄙的夏洛克就开始乘人之危了。好在机智的鲍西娅帮安东尼奥化解了危机,也让贪婪刻薄的夏洛克偷鸡不成蚀把米(见图3-1)。

⊖ 1磅=0.4536千克。

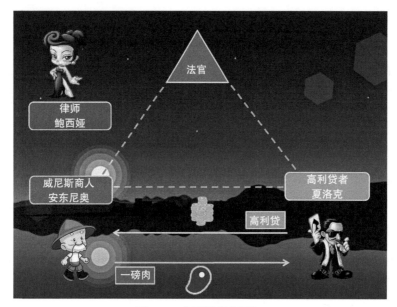

图 3-1　威尼斯商人图解

恰恰也是在这个伟大的文艺复兴时期，同样也是在意大利威尼斯，意大利修士帕乔利出版了会计学的鼻祖之作《算术、几何、比与比例概要》，系统地介绍了"威尼斯会计方法"，也就是所谓的"复式会计"。而帕乔利的另一个身份是鼎鼎大名的达·芬奇的几何老师。正因为帕乔利的贡献，一切商业活动就都可转换为以"数字"为符号的表达，尤其是企业的"资产"和"负债"。

3.2　资产负债表就是一个多宝格

资产负债表好比是一个多宝格，有左右两个部分，左边部分代表权利，右边部分代表义务。左边的权利告诉你，你所拥有和控制的资产，右边的多宝格代表负债和对股东的义务。这就好比一个家庭，你可以拥有爱和被爱的权利，但是同时也有为爱付出的义务，而权利和义务恰好是相等的，正像资产负债表左右相等一样。如图3-2所示，资产负债表的左边是资产，右边是负债加上所有者权益，这是最标准和最精简的资产负债表。从资产负债表中，我们可以得出会计的第一恒等式：

资产 = 负债 + 所有者权益

资产 有经济价值的资源，企业使用它们来获得利润和资金	负债 企业用借款或延期付款方式从第三方或产品/服务的供应商处获得的资金
	所有者权益 包括企业所有者（即"投资者"）用投资方式所提供的资金和企业所留存的那部分属于投资者所有的利润

图3-2　资产负债表这个多宝格

对于公司的资产和负债，我们需要进一步细分，以便日常管理。我们会按照资产的流动性，将资产分为**流动资产**和**长期资产**，如图3-3的左侧所示。还是以个人的家庭资产状况为例，比如你口袋里有5万元现金以及一栋价值300万元的房子。现金的流动性高，可以直接用来购买和清偿债务，所以我们将这5万元现金称为流动资产，而房子的变现能力差，流动性低，于是我们用长期资产来定义流动性低和变现能力差的资产，所以你就有了300万元的长期资产，这时你拥有的总资产就是305万元。

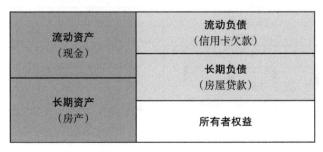

图3-3　个人资产负债表

同样的道理，资产负债表右边的负债项目，也会按流动性分为**流动负债**和**长期负债**。但是负债的流动性与资产的流动性和变现能力不同，这里的流动是指负债的到期日，到期时限较短的，我们通常称为流动负债，到期时限较长的则被定义为长期负债。用个人的负债情况来举例，个人信用卡的欠款就是流动负债，而20年的房屋贷款就是长期负债，见图3-3的右侧。

在企业实务管理中，我们往往会把资产和负债分得更细，以便日常管理和控制。如图3-4所示，我们会把流动资产至少分成**货币资金**、**应收账款**以及**存货**，而将长期资产分为**固定资产**、**无形资产**和**长期投资**。在负债方面，我们则会将流动负债区分为**短期借款**、**应付账款**、**应付职工薪酬**以及**应交税费**，将长期负债分为**长期借款**和**其他长期负债**。对于所有者权益，我们通常也会分为三个部分：**股本**、**留存收益**和**资本公积**。

货币资金 （Cash）	短期借款 （Short-term Borrowing）
应收账款 （Account Receivable）	应付账款 （Account Payable）
存货 （Inventory）	应付职工薪酬 （Salary Payable）
固定资产 （Fixed Assets）	应交税费 （Tax Payable）
无形资产 （Intangible Assets）	长期借款 （Long-term Borrowing）
	其他长期负债 （Other Non-current Liabilities）
长期投资 （Long-Term Investment）	股本 （Capital Stock）
	留存收益 （Retain Earning）
	资本公积 （Capital Reserves）

图3-4 细分后的资产负债表

下面我将一一介绍这些主要科目的用途和核算的内容，便于大家理解和掌握。

3.2.1 流动资产

（1）货币资金，顾名思义就是企业存放在银行的存款或者在自家保险箱里的现金，是马上可以用的现钱，变现能力最强。比如苹果公司截至 2017 财年年末（2017 年 9 月 30 日），现金储备达到了 2689 亿美元，而越南 2017 年全年的名义 GDP 总额才 2234 亿美元。

（2）应收账款，是企业在提供给客户产品或服务时，客户承诺付款后，企业所得到的一个向客户收款的权利。比如，客户向你订购了 1 台售价 8000 元的笔记本电脑，当客户签收了笔记本电脑，并承诺会在短期内通过网银给你付款时，这时你的存货就减少了 8000 元，而与此同时，你的应收账款余额则增加了 8000 元。

（3）存货，是指企业生产的产成品、半成品以及为生产所采购的原材料和辅料。对于一家笔记本电脑的生产厂商而言，生产完工的笔记本电脑则是产成品，为制造笔记本电脑所采购的芯片就是原材料，而这两样东西都被称为"存货"。

以上三项，是流动资产中最主要的组成部分。企业的流动资产还会有更多的种类，如应收票据、应收利息等。其中**存货和应收账款是企业最重要的两个管理指标**，在之后的章节中，我将做重点分析。

3.2.2 长期资产

（1）固定资产。在企业中，用于生产的机器设备、用于运输的车辆、用于办公的电脑设备以及用于生产或办公的厂房和办公楼都属于固定资产，固定资产就是企业自己拥有的用于生产或者办公的、价格相对较高、使用周期较长而且一般不以出售为目的的非货币资产。租来的资产，一般不算固定资产。比如，公司配给总经理办公使用的价值400万元的劳斯莱斯轿车就是固定资产，当然，公司采购给员工使用的8000元的笔记本电脑也属于固定资产。

（2）无形资产。它是与固定资产相对应的另一种长期资产。无形资产区别于固定资产的特点就是"无形"。固定资产的特点是看得见摸得着，而无形资产的特点则是看不见摸不着，比如最典型的无形资产就是软件系统，公司的"进销存"系统、财务系统、客户管理系统，只要是花钱买的、自己拥有的、不是盗版的，就属于公司的无形资产。

（3）长期投资。与固定资产和无形资产完全不同，它是一种投资，而且投资期限较长，一般超过1年。比如，公司购买并持有的5000万元债券或者其他公司的股票。

3.2.3　流动负债

（1）短期借款。它是指必须在1年之内清偿的负债，比如1年内到期的银行贷款。

（2）应付账款。与短期借款不同，应付账款主要是针对供应商的欠款，而非银行欠款。一般情况下，企业从供应商处采购商品后，约定在一段时间内付款，这样产生的欠款，通常称为应付账款。比如你从电脑商店买了一台价格为8000元的电脑，约定3个月内付款，这样你账面的应付账款就是8000元。

（3）应付职工薪酬。顾名思义，它是指应该付给员工的工资、奖金以及福利等。根据2016年A股上市公司董事长薪酬榜，方大化工董事长闫奎兴以1056万元的年薪摘夺桂冠，而他2015年的年薪仅为537万元，一年暴涨一倍，令人嘘唏。排名第二位和第三位的是万科董事长王石和中国平安董事长马明哲，薪酬分别为999万元和968万元。

（4）应交税费。它是指欠税务局的税款。通常情况下，企业当月销售产品的收入一般在下月初统一向税务局做纳税申报，那么会计人员就会在月底计算出要交纳的税金，将这个数字记录在财务报表上，这个数字代表你当月末欠税务局的税金。2017年，阿里巴巴的纳税额为366亿元，一天纳税1亿元，这不仅超过了国内互联网公司，也远超同行业美国的互联网巨头，比如谷歌的母公司Alphabet、美国电商巨头亚马逊等。

以上是流动负债的主要构成部分，其他常见的流动负债还有预收账款等。

3.2.4　长期负债

（1）长期借款。与短期借款相对应，超过1年期的借款，统称为长期借款，比如企业向银行借的5年期的长期借款。

（2）其他长期负债。区别于银行的长期借款，通过其他途径获得的需要偿还的借款，我们统称为其他长期负债。比较常见的项目有企业发放的债券和信托产品。

3.2.5　所有者权益

所有者权益包含三大部分：股本、留存收益和资本公积。

（1）股本。它又称实收资本，是投资者实际投入的资本。比如，你和王小二合伙开了一家全国知名的连锁餐饮品牌"沙县馄饨"，你们各投入5万元的本金，总共10万元。对于这家企业来说，它的股本就是你和王小二投入的10万元。一旦股东的实际投入发生变化，那么股本也会发生变化，比如股东增资或者撤资。

（2）留存收益。它也称为未分配利润，是每年企业赚的累计起来没有被分配的利润。比如你的沙县馄饨,第一年赚了 100 万元,你和合伙人王小二商量不分配,继续投入运营,那么你第一年年末的未分配利润就是 100 万元。到了第二年,你们又赚了 100 万元,这次你们商量各自分回 20 万元,那么这时未分配利润就是 160(= 100 + 100 – 20 × 2)万元。

(3)资本公积。它是指由企业股本溢价、接受捐赠以及法定财产重估增值等原因所形成的所有权归属于股东的项目。通常情况下,资本公积是与企业收入无关而与资本相关的项目。比如,阿里巴巴在美国市场上,以每股 100 美元进行 IPO,然而阿里巴巴的股本则是每股 1 美元,100 美元和 1 美元之间的差价 99 美元,将会被计入资本公积。一般情况下,该部分金额应不会有太大或者经常性的变化。

以上就是对资产负债表中重要项目的大致介绍。只要基本掌握以上这些重要项目的动向,一家企业的 90% 以上的业务就已经在你的掌握之中了。

3.3　一家汉堡店的资产负债表

这里我们再讲一个励志的创业故事,通过这个创业故事,让大家进一步了解奇妙的资产负债表是如何构成的。

故事是这样的,你积攒了 5 万元,准备干一番大事业。经过激烈的思想斗争,沙县馄饨虽然知名,但还是不够洋气,于是你选择了开一家汉堡店,与国际接轨。为了吸引眼球,你注册了一家叫 Shock Shoke 的具有国际范儿的汉堡店,实际投入资本 5 万元。这个值得纪念的日子是 2019 年 1 月 1 日,你有了自己企业的第一张资产负债表(见图 3-5)。

图 3-5　2019 年 1 月 1 日的资产负债表

2019 年 1 月 1 日

你拥有货币资金 5 万元，那么总资产就是 5 万元；你此时没有借款，因此，负债为零；你实际投入的股本也是 5 万元。你的伟大的国际连锁餐饮企业才刚刚起步。

2019 年 1 月 31 日

汉堡店经营满 1 个月，你苦思冥想，觉得要做大企业，5 万元还是显得规模太小，为了进一步发展，你决定向银行借款，出人意料的是，银行居然也爽快地借给了你 10 万元。这时，你的资产负债表就发生了巨大的变化（见图 3-6）。你的货币资金变成了 15（= 5 + 10）万元，而这时你就有了银行欠款，我们称为短期借款 10 万元；股本没有任何变化，仍然是 5 万元。

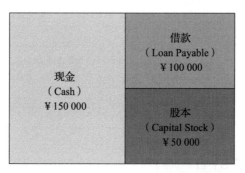

图 3-6　2019 年 1 月 31 日的资产负债表

2019 年 2 月 28 日

解决了资金问题，你的国际餐饮航母正准备出发。2019 年 2 月 28 日，你决定进行采购，你用现金采购了制作汉堡的炉子和原材料。其中，汉堡的烤炉 1 万元一台；制作汉堡的原材料（蔬菜、面粉、牛肉和芝士等）一批 5000 元。请注意，这两样东西的性质和用途并不相同，原材料（蔬菜、面粉、牛肉和芝士等）将会构成你未来的产品，通常情况下，构成产品的原料将会计入存货，因此这部分原材料将会计入存货。而烤炉则不会构成你未来生产的产品，且烤炉是你制作和生产汉堡的重要机器设备，那么烤炉将被计入固定资产。因此，此时在你的资产方面，货币资金将减少15 000元，为135 000元；同时，你的存货为5000元、固定资产为1万元。而负债和所有者权益则没有变化，短期借款为10万元，股本为5万元（见图3-7）。

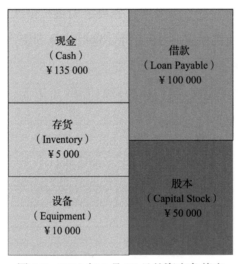

图3-7　2019年2月28日的资产负债表

2019年3月31日

有了钱、设备、原材料，未来的世界顶级品牌"Shock Shoke"终于可以开张了。经过1个月的辛苦经营，2019年3月31日，你统计了当月的经营情况。这个月，你卖了100个汉堡，每个汉堡定价10元，总共收入1000元现金；每个汉堡消耗的成本（即原材料，包括蔬菜、面粉、牛肉和芝士等）是6元，总共消耗的原材料是600元。

这时，你又会得到一张怎样的资产负债表呢？在资产方面，银行存款增加1000元，与此同时，存货（原材料，包括蔬菜、面粉、牛肉和芝士等）消耗并减少了600元，固定资产没有变化。那么总资产则增加了400（=1000－600）元，这样资产负债表不是就不平衡了吗？其实不用担心，我们之前介绍过一个神奇的项目，叫未分配利润。这时的未分配利润就是400元，所以负债加所有者权益的合计就是150 400元（见图3-8）。

图3-8　2019年3月31日的资产负债表

2019年4月5日

汉堡店的生意看来还不错，你准备大干一番。因为人们不仅要吃汉堡，也要喝饮料，所以你决定向隔壁卖饮料发家的王老土代理"王老土"品牌的饮料。2019年4月5日，你向王老土借来200瓶饮料，每瓶价格为1元，王老土答应你，卖完了才结算。

这时，你的资产负债表又发生了重大的变化，200瓶饮料价值200元，饮料也是你未来要出售的商品，因此饮料要计入存货，存货因而增加了200元，增加到4600元。总资产则因此增加到150 600元。因为王老土没有马上向你要钱，因此形成了你对供应商王老土的欠款，我们称之为应付账款。此时，应付账款为 200 元，其他负债不变，负债总数为 100 200 元，而所有者权益与上个月一致，仍为 50 400 元，负债与所有者权益合计为 150 600 元（见图 3-9）。

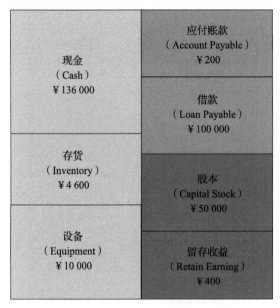

图 3-9　2019 年 4 月 5 日的资产负债表

2019 年 4 月 30 日

生意很快走上了正轨，2019 年 4 月的销售业绩也相当不错。你卖了 200 个汉堡，每个汉堡的单价 10 元，汉堡总共收入 2000 元；同时你又卖了 100 瓶王老土饮料，每瓶饮料单价为 5 元，卖饮料收入 500 元；总收入为现金 2500 元。同时，每个汉堡消耗原材料 6 元，每瓶饮料进货价格 1 元，所以总共消耗了原材料 1200 元、饮料 100 元。

2019 年 4 月 30 日，你的银行存款增加了 2500 元，因此银行存款增加到 138 500 元。而存货则因为消耗汉堡的原材料 1200 元以及饮料

100元，减少到3300元，固定资产仍然不变。同时，因为没有还王老土的饮料钱和银行借款，所以短期借款和应付账款均不发生变化。留存收益则增长了1200（= 2500 – 1300）元，此时总的留存收益为1600元，这时的总资产为151 800元，负债为100 200元，所有者权益为51 600元（见图3-10）。表3-1是Shock Shoke 2019年4月30日的资产负债表。

现金（Cash）¥138 500	应付账款（Account Payable）¥200
	借款（Loan Payable）¥100 000
存货（Inventory）¥3 300	股本（Capital Stock）¥50 000
设备（Equipment）¥10 000	留存收益（Retain Earning）¥1 600

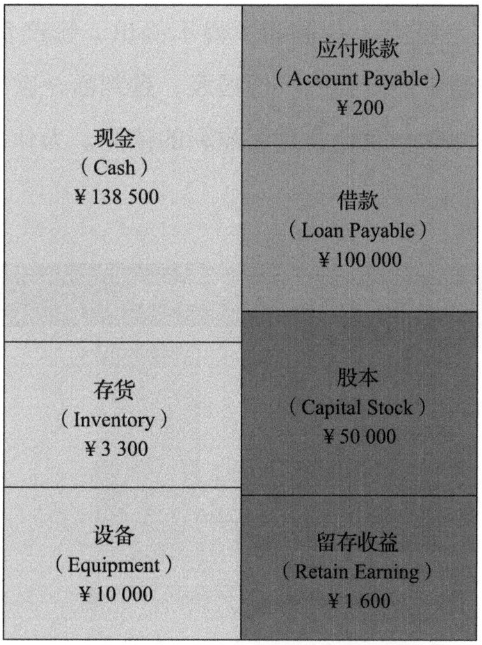

图3-10　2019年4月30日的资产负债表

表3-1　Shock Shoke 资产负债表

2019年4月30日　　　　　　　　　　　　　　（单位：元）

资产		负债和所有者权益	
货币资金	138 500	应付账款	200
存货	3 300	短期借款	100 000
固定资产	10 000	股本	50 000
		留存收益	1 600
合计	151 800	合计	151 800

3.4 企业资金的来源和用资代价

讲到这里，资产负债表的大致逻辑就已经完整地展示在你面前了，资产负债表好比人体的骨骼，骨骼是否疏松，是不是有软骨病，决定了这家公司的财务状况和发展质量。

很多经营管理者（其中甚至包括一些财务高管）往往忽略了资产负债表，认为它不重要。在此我不得不提出，**资产负债表是我所认识的所有财务报表中最重要的一份报表，是判断一家公司是否正常运营的基础，也是判断一家企业是否盈利的依据**。为什么这样说，我们看一下图 3-11。

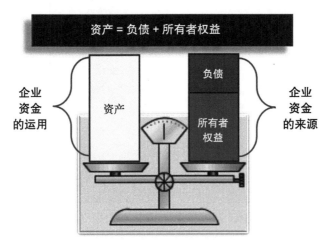

图 3-11　资产与权益的平衡

正如我所举的 shock shoke 案例中描述的，我们要做企业，首先需要募集资金，而募集资金往往只有两个渠道，不是向银行或者第三方借款，就是向股东筹资。那么可以肯定的是，通过银行借款一定需要利息，假设银行一年期贷款的基准利率为 6%，那么银行短期借款的最低资金成本就是6%，而银行长期借款利率则肯定超过6%。

可能有人会问："为什么不先向供应商进货后，欠着供应商的应付账款，等销售完成后再把钱还给供应商，这样的资金成本不就很低了吗？"其实不然，供应商在供货给你的时候，因为你占用了他的货物，相应地你也占用了他的资金，因此供应商已经在销售给你的货物的售价中包含了他的资金成本和利润，不然哪有这么好的生意啊！供应商的资金成本又主要来源于哪里呢？还是借款和股权。那么，应付账款的资金成本就是供应商的银行借款利息或者股权的股息加上他的利润率，所以**应付账款的资金成本一定会高于银行贷款利率**。

那么，我们就会将目光投向向股东募集资金的资金成本。很多人又会陷入一个误区：向股东募集资金的成本等于零。这个想法大错特错！我们曾经做过一个调查，试图了解股票投资者的预期收益率是多少，调查结果显示，多数股票投资者的预期收益率在10%左右，简单地说，就是多数股票投资者投资上市公司期望得到的回报率约为10%。相应地，可以推断企业投资者或者股东的预期回报至少超过同期银行贷款利率。由此可以得出一个结论，**企业向股东募集资金的成本一定会高于银行贷款利率**。

由以上分析可以得出，负债和所有者权益是企业的资金来源，而资金来源是有资金成本的，**通常情况下，可以预期的最低资金成本为银行的短期借款利息**。从图3-11中不难看出，如果企业要盈利，其实就是如何用募集来的资金去购买合适的资产，然后合理地运用和利用资产产生回报（利润），同时**左边资产的回报率要超过右边负债的资金成本**，这样企业才能真正地"赚钱"，这就是我为什么非常强调资产负债表的重要性。

3.5 10个关键指标，拆解资产负债表

失败的公司各有各的不幸，但是成功的公司都有一个共同点，就是它们都有一份完美的资产负债表。学习和掌握资产负债表的内容表并不困难，只要两项技能：

- 小学算术。
- 看懂几个关键指标。

资产负债表就像人体的骨骼，支撑着整个公司的财务体系。分析资产负债表，就像给企业的财务状况进行一次全方位的体检，为企业的财务健康扫雷。在资产负债表中，有50多项数据，其中有10项核心数据至关重要，它们分别是：应收账款和存货、货币资金和借款（长期、短期）、固定资产和无形资产、应付账款和应付薪酬、资本公积和未分配利润。其中，应收账款和存货是这些数据的重中之重，是判断一家公司是否正常运营的基础。

应收账款和存货是分析资产负债表的关键中的关键，这两项很容易被一些不法企业用于舞弊或粉饰财务报表。存货代表公司资产的存量，而应收账款往往与营业收入和销售有关，我们将在第8.3节、第8.4节中专门介绍，在此就不展开讨论了。

货币资金是自有的，而借款是外来的。通常情况下，自有的资金越多越好，外来的借款越少越好。举个例子，中国最知名的辣椒酱企业"老干妈"，年销售额为34亿元，纳税4亿元，但近年该企业几乎没有银行借款，就是靠着自有资金的经营一步一个脚印地走到了中国辣椒酱行业的第一名。

银行借款也要看期限，关注其是长期的还是短期的。如果短期内

到期的短期借款金额太大，同时自有货币资金又远小于即将到期的借款金额，就预示着公司近期在资金链上会有很大的麻烦。然而，如果长期积累的借款逐年增多，而且数额过大，则表明公司是一台吞钱的机器，缺乏盈利和偿债能力。当然，借款和企业的发展息息相关，如果高速成长期已经过去，但银行借款额仍然过大，显然这家公司已经出现了问题，值得警惕。比如近年来陷入产能过剩危机的钢铁行业，根据工信部发布的信息，2017年钢铁行业的负债总额约为4.3万亿元，在所有行业中排名第三位；资产负债率接近70%，在所有行业中排名前两位。这时中小型钢铁企业纷纷陷入资金链断裂、停产及债务违约的危机中。

固定资产和无形资产都是企业的长期资产，但两者也有很大的区别，**固定资产代表了企业的硬实力，而无形资产则代表了企业的软实力，特别是创新能力**。在主板市场上，我们通常更重视企业的硬实力（固定资产），而在创业板中，我们则更重视企业的创新能力（无形资产），或者说研发支出转移成无形资产的能力，这种能力极其重要。

应付账款是指在购买过程中欠供应商的钱。如果一家公司总是欠款不还，显然这家公司在市场上已经没有信用，扩大发展缺乏必要的基础。而应付职工薪酬则是企业在经营过程中欠员工的钱。此时要判断应付职工薪酬是否不停地增长，如果不停增长，那么这家公司显然是有问题的，或者陷入了经营困境。比如，有的公司就欠缴职工的五险一金，存在巨大的漏洞。

资本公积是一个巨大的蓄水池，有些公司为了粉饰利润，为了保守和控股股东之间一些不可告人的秘密，把一些交易通过输送利润的方式注入利润表，但根据目前的会计准则，只能放入资本公积，因此如果我们看到在一定时期内资本公积过大，显然这家公司就有操控利润的嫌疑。

未分配利润如果长时间积累，没有为广大股东分红，显然公司是一只铁公鸡，这样的公司也是不受尊敬的。20 多年来，A 股上市公司重融资、轻回报，孕育出一批只圈钱、不分红的铁公鸡。比如"一股浓香，一缕温暖"，生产南方黑芝麻糊的南方食品，上市 16 年仅现金分红一次，分红金额不到 1000 万元，2012 年更是宁愿派发一人两袋黑芝麻糊作为实物股利也不对股东进行现金分红。

3.6 案例：早看懂资产负债表，你已经是茅台的股东了

你买过贵州茅台的股票吗？你是否恨自己不能早点成为它的股东？如果你早一点看懂资产负债表，也许你就不会错过这棵股市常青树。很多投资者都会忽略资产负债表的重要性，它既没有利润表直观，也无法像现金流量表那样直接反映企业经营的健康状况。但是，现在请你立刻摒弃这样的想法，接下来的内容，我们将以贵州茅台为例，介绍资产负债表包含的信息。

3.6.1 贵州茅台一路飘红

2017 年，上市公司贵州茅台频频吸引投资者的关注，首先是不停上涨的茅台酒的售价和供不应求的火爆场景，其次是不断创出中国 A 股历史新高的股票价格，2017 年的茅台风光无限。

从 2016 年起，部分地区的茅台酒零售价就突破了 1299 元的限制价格，并且一路上涨，导致很多城市的零售店和网上商城都出现"一酒难求"的景象。经销商开始囤积茅台酒赚取暴利，网上也出现了很多文章，大谈茅台酒的保值增值作用。这几年，投资茅台酒的收益率轻轻松

松超过各种主流资产。

与茅台酒的零售价对应的，是上市公司贵州茅台惊人的股价涨幅。截至 2018 年 1 月 15 日，贵州茅台最近一年的股价涨幅超过了 130%，2017 年年初每股还只有 300 多元，然后就连续突破每股 500 元、600 元、700 元甚至逼近 800 元的整数窗口，市值一度接近 9500 亿元。往前追溯，从 2014 年算起，贵州茅台的累计涨幅达到 700%。

在 A 股市场上，蓝筹、白马等绩优股都能获得不错的涨幅，其中部分行业龙头甚至领涨市场，贵州茅台就是其中的代表。市场投资者将贵州茅台当作价值投资的典范和大旗，进一步使贵州茅台成为市场最璀璨的明珠。下面我们就从资产负债表的角度来分析贵州茅台为何一路疯涨。

3.6.2 解读资产负债表

贵州茅台的主要业务是生产酒与卖酒，即先采购原材料，再生产白酒，然后想办法卖酒，属于典型的制造企业。我们先来看它的资产。

1. 持有巨额现金，应收账款为零

2017 年上半年，贵州茅台拥有的总资产为 1204 亿元，但其中货币资金就有 736 亿元，占总资产的比重达到了 61%，到了 2017 年第 3 季度，货币资金达到了惊人的 810 亿元，占比进一步上升到 63%。与之相对应，五粮液的货币资金占比只有 56%（见图 3-12）。贵州茅台真是堪称现金奶牛。

我们再来看应收票据和应收账款。贵州茅台的应收账款在 2016 年年底为 0，2017 年第 3 季度仍然为 0，这是因为市场对超高端白酒——茅台酒的需求极为旺盛，经销商只有先付钱才能提货，因此贵州茅台的财务报表上没有应收账款，更没有坏账。最多只是有一些应收票据，并

且都是安全性最高的银行承兑汇票。

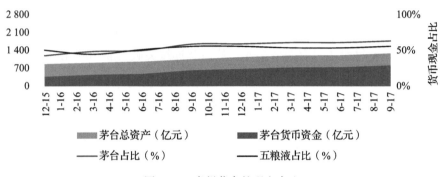

图 3-12　贵州茅台的现金占比

资料来源：Wind，公司年报。

2. 存货、固定资产占比低限制了白酒的产量

2017 年第 3 季度，贵州茅台的存货总金额为 209 亿元，占总资产的比重只有 16%。对于下游经销商和消费者来说，贵州茅台 209 亿元的存货（主要是高粱、小麦等原材料）简直就是望眼欲穿的"金矿"。那为何仅占 16% ？这要从贵州茅台特殊的产品生产模式说起。

贵州茅台的前董事长季克良曾透露，"一般来说，每年出厂的茅台酒，只占 5 年前生产酒的 75% 左右。剩下的 25% 左右，有的在陈放过程中挥发了一些，有的留作以后勾酒用，有的就世世代代留存下去"。由此我们可以大致推算，茅台酒理论上的可售数量为 5 年前基酒产量的 85% 左右。

贵州茅台的这种特性限制了其产量，其产能只能缓慢增长，因此最近几年存货在贵州茅台总资产中的占比一直维持比较低的水平，甚至伴随着销售火爆，存货占比从 2012 年的 22% 一路下滑到目前的 16%（见图 3-13）。

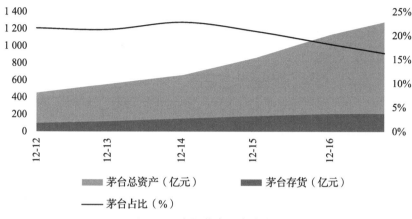

图 3-13 贵州茅台的存货占比

资料来源：Wind，公司年报。

我们再来看固定资产，2017年第3季度，贵州茅台的固定资产总额为149亿元，占总资产的比重为12%，且持续下滑（见图3-14）。在这149亿元中，房屋厂房占140亿元，生产线账面余额只有9亿元，这要归因于产业政策。白酒行业对粮食的消耗较多，但粮食是我国重要的战略物资。我国对白酒产业的发展一直实施较为谨慎的宏观政策，2011年国家发改委发布了《产业结构调整指导目录》，将"白酒生产线"列入"限制类"。禁止白酒生产企业新建白酒生产线，只能在现有的生产能力范围内采取措施升级改造。因此不难理解贵州茅台甚至整个白酒行业中的企业的固定资产占比都不高，同时生产线占比极低的现状。

3. 无形资产无法体现品牌价值

2017年第3季度，贵州茅台的无形资产仅为35亿元，对应其1278亿元的总资产几乎微不足道，这其中仅包含了土地使用权和软件开发费，并没有包含商标权、特许经营权等预想中的项目。对于贵州茅台来说，品牌价值是构成其价格壁垒的最重要因素，仅仅依靠品牌就可以以更高价格出售同类产品，这本身就是强大能力的体现。

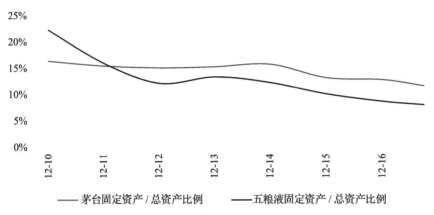

图 3-14　贵州茅台的固定资产占比

资料来源：Wind，公司年报。

接下来，我们看看它的负债。

4. 无长、短期借款，无应付债券

如果你翻阅最近几年贵州茅台的财务报表可以发现，仅 2016 年年底，贵州茅台合并报表上曾有 6 亿元的短期借款，其他时候均无任何短期借款、长期借款，以及发行债券的记录。

一个手握 810 亿元现金的公司，不需要任何债务融资，当然也很好理解，这也再次说明了贵州茅台现金流的充沛。

5. 预收账款充当利润的"蓄水池"

与很多普通制造企业不同，白酒企业对下游渠道商有很强的议价能力，从而具有占用下游渠道商现金流的能力。贵州茅台便是其中的典型代表。

从 2014 年白酒行业全面复苏起，市场中便出现了茅台酒供不应求甚至遭哄抢断货的情况，预收账款金额急速增长，充分证明了茅台酒的强势与产品的火爆程度。

最近几年，茅台酒一直维持 819 元的出厂价不变，而经销商手中的零售价在部分地区和时段已经突破了 1600 元，这对于经销商而言，毛利几乎是 100%，因此也不难理解大量经销商会提前预付货款，来应对火爆的市场。贵州茅台曾多次处罚经销商，试图控制疯涨的零售价格，但几乎无用。

从资产角度来看，贵州茅台无疑是标准的现金奶牛。而且，由于自身产品的特殊工艺，存货占比不高；由于产业政策的限制，因此固定资产占比不高；同时，贵州茅台的无形资产并没有反映其强大的品牌价值。从负债角度看，贵州茅台没有任何债务融资，这源于贵州茅台充沛的现金流和强大的盈利能力；另外，预收账款不断增加，从侧面显示了产品的供不应求。

所以，如果你早一点看懂这份资产负债表，恐怕你早已经是贵州茅台的股东了。

3.7 案例：练就火眼金睛，识别财务造假

事实上，识别上市公司财务造假不仅仅是投行、投资机构、投研人员必备的技能，也是财务人员必做的功课之一。

2015 年 5 月，辽宁证监局对欣泰电气（已退市）进行现场检查时发现，欣泰电气可能存在财务数据不真实等问题。随后，证监会立案，组成了由深圳证监局、辽宁证监局两地近 30 人参加的联合调查组，进公司、跑银行、访客户，历时 4 个月左右，最终坐实了欣泰电气欺诈发行和重大信息披露违法。

2016 年 5 月底，欣泰电气收到了证监会《行政处罚和市场禁入事先告知书》。7 月 8 日，因欺诈发行和重大信息披露违法，证监会对欣泰电气启动了强制退市程序，并宣布暂停上市后不得恢复上市，退市后不

得重新上市。欣泰电气也由此成了 A 股市场首家因涉嫌欺诈发行而被强制退市的上市公司。

那么，上市公司财务造假的手段有哪些呢？现在，让我们一起好好扒一扒财务造假的底。

3.7.1　五种造假手段

第一种，提前确认收入，比如提前开具销售发票，以美化业绩。我们经常能在房地产和高新技术行业中看到这种情况。房地产企业喜欢将预收账款化作销售收入。

既然有提前，那就一定会有延迟，所以**第二种就是推迟确认收入**，也叫递延收入，是将应由本期确认的收入递延到未来期间确认。与提前确认收入一样，推迟确认收入也是企业盈利管理的一种手法。这种手法一般在企业当前收益较为充裕，而未来收益预计可能减少的情况下被采用。

相比前两种，**第三种就厉害了：虚构收入**。这是最严重的财务造假行为，有几种做法：一是打白条出库，充作虚假销售入账；二是双方对开发票，确认虚假收入；三是虚开发票，确认虚假收入。虽然有些手法从形式上看似乎合法，但实质是违法的。比如，某上市公司 A 利用子公司 B，按照市场价格将商品销售给第三方 D，子公司 B 就有了一笔销售收入。然后由另一家关联公司公司 C 从第三方 D 手中购回，这样既避免了集团内部的关联交易，又确保了母公司的合并报表中的收入和利润，达到虚增收入的目的。另外，用阴阳合同虚构收入，比如 A 公司在合同上注明的货款是 1 亿元，但在私下签署的秘密合同上约定的实际货款为 5000 万元，这样就虚增了 5000 万元的收入。

第四种是虚增资产和漏列负债。比如多计存货价值，对存货成本或评价故意计算错误以增加存货价值，从而降低销售成本，增加营业利益；虚列存货，以隐瞒存货减少的事实；多计应收账款，通过虚列销售收入，导致应收账款虚列；漏列负债，例如漏列对外欠款或短期应付费用等。

3.7.2 步森股份借壳康华农业的财务造假事件

步森股份 2016 年 2 月 29 日晚间公告称，收到了中国证监会《行政处罚决定书》。2014 年 8 月，步森股份披露了重组对象康华农业 2011 年至 2014 年 4 月 30 日期间主要的财务数据，康华农业的资产和营业收入存在虚假记载。

公告显示，康华农业 2011 年的财务报表虚增资产 2 亿元，占康华农业当期总资产的 48%；2012 年虚增资产 3 亿元，占披露当期总资产的 54%；2013 年虚增资产 5 亿元，占披露当期总资产的 53%；2014 年 1 月 1 日至 2014 年 4 月 30 日虚增资产 5 亿元，占披露当期总资产的 53%。

此外，康华农业 2011 年虚增营业收入 1 亿元，占披露当期营业收入的 35%；2012 年虚增营业收入 2 亿元，占当期营业收入的 37%；2013 年虚增营业收入 2 亿元，占当期营业收入的 43%；2014 年 1 月 1 日至 2014 年 4 月 30 日虚增营业收入 4 亿元，占当期披露营业收入的 44%。

证监会认定，步森股份的上述行为违反了《重组办法》以及证券法相关规定。对此造假事件直接负责的主管人员为公司董事长王建军、董事会秘书兼副总经理寿鹤蕾等。

证监会表示，鉴于步森股份主动申请撤回重大资产重组申请文件，导致康华农业未能借壳上市成功，且步森股份及相关责任人员积极配合调查工作，责令步森股份改正，给予警告，并处以 30 万元罚款。

| 第 4 章 |

利 润 表

4.1 它们凭什么进世界500强

在2017年《财富》500强中,排名最靠前的依然是美中日的企业,美国沃尔玛公司连续4年排名世界500强第一名,其营业收入达到4800多亿美元。排名第二名至第四名的分别是中国的国家电网、中石油和中石化,第五名是日本的丰田(见表4-1)。

表4-1 2017年《财富》500强前10名

排名	上年排名	公司名称(中英文)	营业收入(百万美元)	利润(百万美元)	国家
1	1	沃尔玛(WAL-MART STORES)	485 873	13 643	美国
2	2	国家电网公司(STATE GRID)	315 198.6	9 571.3	中国
3	4	中国石油化工集团公司(SINOPEC GROUP)	267 518	1 257.9	中国
4	3	中国石油天然气集团公司(CHINA NATIONAL PETROLEUM)	262 572.6	1 867.5	中国
5	8	丰田汽车公司(TOYOTA MOTOR)	254 694	16 899.3	日本
6	7	大众公司(VOLKSWAGEN)	240 263.8	5 937.3	德国
7	5	荷兰皇家壳牌石油公司(ROYAL DUTCH SHELL)	240 033	4 575	荷兰

(续)

排名	上年排名	公司名称（中英文）	营业收入（百万美元）	利润（百万美元）	国家
8	11	伯克希尔-哈撒韦公司（BERKSHIRE HATHAWAY）	223 604	24 074	美国
9	9	苹果公司（APPLE）	215 639	45 687	美国
10	6	埃克森美孚（EXXON MOBIL）	205 004	7 840	美国

那么，我们常说的世界 500 强企业排名的依据到底是什么呢？是公司资产规模特别大？是利润特别高？还是特别受欢迎？都不是。其实从表 4-1 中就可以看出，世界 500 强企业是按照企业的销售收入来排名的，换句话说，这个榜单上的公司就是世界上销售收入最高的 500 家企业。

比如，2017 年榜单上排名第一的沃尔玛公司全年的销售收入为 4800 多亿美元，超过了全世界 160 多个国家的 GDP，可谓富可敌国。

第一份《财富》500 强排行榜诞生于 1955 年，当时上榜的仅限于美国公司。自诞生之初起，《财富》杂志的编辑就决定将销售收入作为企业排名的主要依据。直到 1995 年，第一份包含了美国和其他各国企业在内的综合榜单才正式问世，这也是第一份真正意义上的世界 500 强排行榜。那一年，第一名是三菱商事，第二名是三井物产，第三名是伊藤忠商事，第四名是住友商事，第六名是丸红，第九名是日商岩井。在前十名中，日本企业占了其中的六席。在整个世界 500 强企业榜单中，日本企业共上榜 149 家，仅次于美国企业的 151 家。

如果想知道日本企业在没落前有多么辉煌，从这份榜单中就可以看出一二。不过那一年也是日本企业登榜数量的巅峰，在接下来的 20 多年里，这一数字持续下滑。到 2017 年，只有 51 家日企仍在榜上，虽然丰田、本田、松下、索尼等知名企业仍居前列，可是绝对数量整整缩减了 2/3。

在这二十几年里，全球经济发生了翻天覆地的变化。比如 2007 年，苹果手机上市，与谷歌的安卓系统共同带动了智能手机的普及，并且彻底颠覆了原有的产品体系。2008 年开始的全球金融危机，也导致了美国和欧洲很多金融巨头破产或被分割出售。加上企业并购的活跃，以及中国企业的崛起，很多十几年前的全球 500 强企业已经淡出了大家的视线。

以 2007 年的榜单为例，比利时与荷兰合资的富通集团在榜单中高居第 20 名，是欧洲最大的金融集团之一。2008 年更是跃升到了第 14 名。中国平安当时还曾斥巨资收购了富通集团的股权。但之后富通集团的业绩急转直下，股价大跌，集团被分拆出售给荷兰、比利时和法国的企业，导致中国平安的投资血本无归。

2007 年，还有一家比利时银行，叫德克夏集团，排名第 36 名，2009 年上升到第 16 名。不过，由于该银行大量持有希腊、葡萄牙等国的国债，欧元区债务危机后，榜单里就见不到该银行了。

最惨的要数美国的几大投资银行。在 2008 年金融危机的严重冲击下，美林被美国银行收购，合称美银美林，雷曼兄弟和贝尔斯登则破产。

这么多国际知名公司从世界 500 强企业的榜单上消失，一个重要的原因是，中国企业在世界 500 强中的比重越来越大。

1995 年，日企上榜 149 家，美企上榜 151 家，而中国企业只有可怜巴巴的 6 家，这里还包括 2 家台湾地区的企业和 1 家香港地区的企业。现在的我们肯定无法想象，在 1995 年别说追赶美国，就是讨论赶超日本，都属于天方夜谭。但是在 2017 年的世界 500 强企业榜单中，日企上榜仅 51 家，美企上榜 132 家，而中国企业已经暴增至 115 家（包含港澳台地区）。

除了《财富》500 强外，《福布斯》和《商业周刊》同样也有 500 强的排名，它们的区别在于：《福布斯》综合考虑年销售额、利润、总资产和市值；《商业周刊》只把市值作为主要依据。另外，这两家排名的影响力都不及《财富》500强。

由此可见，在商业社会里，最受重视的指标非销售收入莫属，销售收入同样也是企业利润表中最重要的元素。

4.2 详解利润表：企业是如何赚钱的

利润表，顾名思义就是记录一家公司利润的表格。当然，这张表上不只利润这一项，还包含收入、成本、费用、税金等众多信息。如果你认为这张表仅仅罗列了所有收入和支出的信息，那就大错特错了。这张表最大的作用是告诉你，企业的利润是怎么获得的？你的企业是怎么赚钱的？（利润表的简要格式如表4-2所示。）

表 4-2 利润表（简化版）

项目	金额（元）
营业收入	
减：营业成本	
毛利润	
减：销售费用	
管理费用	
财务费用	
加：投资收益	
营业利润	
减：所得税费用	
净利润	

表头：20××年度

同资产负债表一样，利润表也有一个恒等式：

收入 − 支出 = 净利润

当收入大于支出时，企业才会有利润，如果收入小于支出，那么利润值就是负数，我们称之为亏损。利润表里最重要的项目是第一行的营业收入，这是企业赖以生存的根源，也是企业利润的来源。营业收入一般分为主营业务收入和其他业务收入。

（1）主营业务收入，就是企业主要经营业务的收入。比如卖比萨的公司，销售比萨所得的收入就是公司的主营业务收入。

（2）其他业务收入，是指除主营业务之外的其他业务带来的收入。比如公司有闲置的仓库，把闲置仓库出租给其他企业获得的租金收入，则不属于公司的主营业务收入，一般情况下，我们将它称为其他业务收入。

在利润表中，与收入相对应的，我们通常称之为支出。支出在企业中往往被定义为两部分：一部分被称为成本，另一部分被称为费用。同样是支出，为什么还要分成两个部分呢？它们的区别在哪里？

（1）成本往往与收入是直接关联和对应的。比如一瓶矿泉水，它的成本就是你"看得见、摸得着"的矿泉水瓶和里面的水，同时还包含着你"看不到"的但是与生产这瓶矿泉水直接相关的工人和机器设备所应当分摊的成本。通常情况下，**成本是和生产产品直接相关的支出**。

在实务操作过程中，我们将成本分为"料""工""费"，即原材料、人工费以及制造费用（机器设备的折旧、摊销以及其他辅料成本等）。一瓶矿泉水的售价为1元，"料"（原材料）就是瓶子和里面的水，生产瓶装水的工人的工资及相关支出就是"工"（人工费），而因为生产瓶装水所开动的机器成本以及能源支出、日常机器设备的维护支出都是"费"（制造费用）。

（2）费用与成本不同，费用往往与收入没有直接的对应关系。比如要把矿泉水销售出去，就需要雇用销售人员，同时要做广告宣传；销售人员的工资、做广告宣传的广告费等支出，尽管也是公司必不可少的支出，但因为这些开支并不与生产和制造这瓶矿泉水发生直接关系，不构成产品的成本，因此我们把它们定义为费用。**在企业经营中，与生产制造无关的支出，我们称之为费用。**

按照性质和用途，我们又将费用分为三类：销售费用、管理费用、财务费用。

- 销售费用，比如把矿泉水卖出去需要支付的销售人员的工资、销售渠道的渠道费用、促销费用以及为推广产品所产生的广告费用，这些都是典型的销售费用。总的说来，**只要和销售活动直接相关的支出，我们通常认为其就是销售费用。**
- 管理费用，同样也是不直接和生产发生关系的支出。比如，每家公司都有总经理和其他行政管理人员，如人力资源部员工、财务人员等，公司如果要正常营运，这些人员是必不可少的，但是这些人和生产产品并没有直接关系，他们的作用是帮助管理和维系公司的营运，他们的费用支出不会因为产品销售的变化而变化。这一类支出，通常被定义为管理费用。
- 财务费用，通常分为两类。一类，我们称之为财务结算费用，就像我们通过银行汇款时，银行收取的汇款手续费等各种服务费。另一类主要是利息，我们为了支持企业的经营发展，需要足够的资金，这些资金可以通过向银行贷款获得，但需要向银行支付利息，即使用这些资金的代价，我们也称这部分利息为财务费用。

综上，成本参与产品核算，而费用不参与产品核算（见图4-1）。但无论如何变化，这两者都是企业的支出。

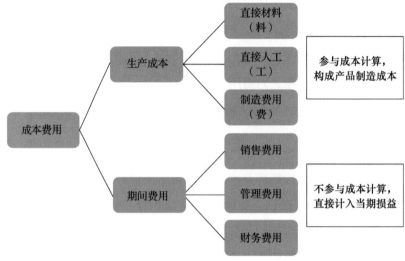

图 4-1　企业的成本费用构成

4.3　一家汉堡店的利润表

企业的利润是如何计算出来的？收入和支出又是如何在利润表上列示的？我们还是以汉堡店为例，来看看企业的赚钱过程以及利润的计算过程。故事接着 2019 年 4 月开始。

2019 年 5 月 1 日

Shock Shoke 汉堡店的成功让你信心大增，为了拓展产品线，你用 15 000 元现金投资成立了一家新店。在这个时点上新店是否会有利润表？当然没有，因为你还没有收入和支出，仅仅是做了一笔投资，将 15 000 元现金投资到了新店中。

2019 年 5 月 31 日

你向银行借了 17 500 元的贷款用以扩充资金，这时也不存在收入和支出,因此 5 月当月的利润表上并没有数值记录。

2019 年 6 月 30 日

你开始采购原材料和设备,原材料(面粉、蔬菜、牛肉和芝士等)花了 1200 元,汉堡烤炉花了 10 000 元。这个月,你仅仅是做了原材料(存货)的采购和设备(固定资产)的投资,也没有发生收入和支出,因此 6 月当月也没有产生利润表。

2019 年 7 月 31 日

这个月,你开始了汉堡销售业务,当月共销售了 70 个汉堡,得到了 700 元现金,同时消耗了面粉、芝士、蔬菜、牛肉等原材料(存货)共计 420 元。这个月,你就有了第一份利润表:7 月的销售收入是 700 元,成本是 420 元,利润是 280 元(见图 4-2)。

图 4-2　2019 年 7 月 31 日的利润

2019 年 8 月 5 日

你打算扩张业务,所以要求代理邻居王老土的"王老土"饮料,王老土立马给你送了 200 瓶,每瓶进价 1 元。这时,饮料还没有卖出,没有收入和成本的影响,因此也就不影响利润表。

2019 年 8 月 31 日

这个月,你销售了 60 个汉堡,得到了 600 元的收入,同时消耗了原材料(存货)360 元。与此同时,你又销售了 80 瓶饮料,每瓶售价 5 元,因此饮料的销售收入为 400 元,而对应的进货成本为 80 元。根据上述情况，8月，利润表上的销售收入就是600元，成本为360元；同时饮料不是你的主营业务，属于其他业务，因此你的利润表上的其他业务收入为400元，对应的其他业务成本为80元，如图4-3所示。

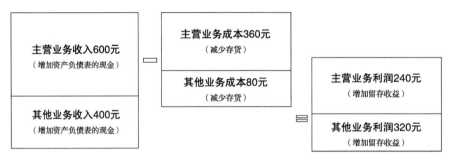

图 4-3 2019 年 8 月 31 日的利润

截至8月，你的主营业务收入（卖汉堡）为1300元，主营业务成本为780元，主营业务利润为520元；其他业务收入（卖饮料）为400元，其他业务支出为80元，其他业务利润为320元；另外，你的顾客如果使用信用卡消费，这样就会产生手续费，你通过公众号宣传还会产生广告费等，多种费用加起来是50元，这种与营业无直接关系的费用会被计入间接费用（销售费用、财务费用等），因此净利润合计为790元（见图4-4、表4-3）。

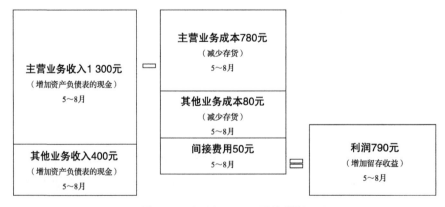

图 4-4 2019 年 5～8 月的利润

表 4-3 利润表（2019 年 5～8 月）

项目	金额（元）
主营业务收入	1 300
主营业务成本	780
主营业务利润	520
其他业务收入	400
其他业务成本	80
其他业务利润	320
间接费用	
手续费	10
广告费	40
净利润	790

4.4 三项原则，抓住利润表的核心

收入减成本等于利润，这个简单的公式可以帮助我们了解公司的赚钱能力：收入规模如何，成本控制能力如何，最终赚了多少钱。这是所有管理者和投资者都非常关注的话题。

在证券市场上，大多数投资者往往只关注一件事，那就是利润。然而利润表里往往暗藏着玄机，由于权责发生制[○]的关系，收入和支出不一定要有真实的现金流动，只要发生了，便进行确认，因此有可能产生空有纸面利润而没有现金流入的情况。利润表最易操控，也最为可疑，暴露的信息往往是不重要的东西。那么，如何发现利润的支撑点和利润表中的盘根错节呢？

利润表主要提供有关企业经营成果方面的信息。利润表可以反映企业在一定时间内的收入实现情况、支出耗费情况，并反映企业生产经营

○ 权责发生制是一种会计记账方法，是指收入和支出，不管款项是否收到或支付，只要在本期发生，则记录相应的数额。

活动的成果。分析利润表应该关注哪些要点呢？解读和分析利润表有三组关键项目，分别如下。

- 营业收入和营业成本。
- 毛利。
- 三项费用（销售费用、管理费用和财务费用）。

只要把握这三组关键项目，就能抓住企业经营状况的核心，企业是持续发展还是陷入困境，一目了然。

4.4.1　营业收入和营业成本

营业收入和营业成本，这两项就像孪生姐妹一样，有匹配和对应的关系。企业没有收入就无法生存发展，但是收入必然伴随着成本的支出，两者相辅相成。优秀的企业管理者，一方面是从市场上找到机会，持续地提高收入；另一方面则发挥自身的优势，持续地降低成本，最终达成企业发展壮大的目标。

在这个竞争激烈的市场上，不乏优秀的公司，企业在努力提高营业收入的同时，要不断控制营业成本的增长，腾讯就是其中表现出色的公司。2017年第三季度，腾讯的总收入为652亿元，比去年同期增长61%。净利润为180亿元，同比增长69%。也就是说，腾讯每天净赚2亿元！作为腾讯最赚钱的业务，智能手机游戏的收入增长受《王者荣耀》《魂斗罗：归来》《龙之谷》等推动。根据这份业绩报告的数据，腾讯的营业收入相当于5家贵州茅台，净利润相当于4家贵州茅台。可以说，腾讯具有极强的盈利能力。

从投资者的角度出发，投资企业的第一步，就是要重点分析收入、成本以及两者之间的逻辑对应关系。因为几乎所有的财务造假舞弊的公司，都是为了做大营业收入，做小营业成本，尤其是主营业务。不少上市公司都是通过做大代理业务、做大流通、虚拟交易、一次性交易等做大营业收入的。

最典型的财务造假案例，就是2001年震动中国股市的"银广夏事件"。上市公司银广夏在1998～2001年的财务报告中，累计虚增销售收入十几亿元，累计虚增利润7亿元。银广夏从原料采购到生产、销售、出口等环节，伪造了全部单据，包括销售合同和发票、银行票据、海关出口报关单和所得税免税等文件。根据监管机关以及相关专家的调查发现，银广夏出口的是"不可能的产量、不可能的价格、不可能的产品"，以银广夏萃取设备的产能，即使通宵达旦地运作，也生产不出其所宣称的数量；萃取产品出口价格也高到近乎荒谬；甚至出口合同中的某些产品，根本不能用银广夏所拥有的二氧化碳超临界萃取设备提取。2002年5月，银广夏遭到证监会重罚，多名高层管理人员被起诉。银广夏也因此成为中国上市公司"财务舞弊"的代名词。

4.4.2　毛利率

看毛利率，要紧紧追踪行业水平，比较历史水平，以及根据自身的上下变动情况进行分析。在目前这样一个市场严酷竞争的环境下，毛利率这个指标对于企业投资者和管理者进行分析判断而言极有价值。

管理好一家企业，往往要从两个方面入手：第一是企业的产品（服务），第二是企业的营运效率。产品（服务）是企业经营的根本，没有产品（服务）的公司，通常叫"皮包公司"。如果一家公司有不错的产品（服务），而且自身运作能力强、效率高，那么就是一家好公司。所以毛利率是评判企业产品（服务）最为关键的指标。

根据 2016 年中国上市公司年报结果统计分析，毛利率最高的行业为酒店行业，超过 85%；毛利率最低的行业是油气钻采服务行业，甚至出现了负数（-2.18%）。我们通过分析过往 10 年的平均毛利率统计数据发现，在过往 10 年中，毛利率平均水平最高的行业是葡萄酒行业，超过 65%；毛利率最差的行业是燃机发电行业。其中，葡萄酒在中国属于高端消费品，因此毛利率相对较高，而燃机发电行业则是消化产能的行业，和经济景气度极为相关，所以近年来毛利率逐年降低。通过研究毛利率和比较分析行业，有助于企业的战略决策和布局，帮助企业实现管理升级。

4.4.3 三项费用

所谓三项费用就是指销售费用、管理费用和财务费用。在大多数情况下，这三项费用是固定的，也就是说只要公司开门营业，不管是否生产，各种开支就会在这三项费用中产生。

很多公司往往把管理费用当成一个箩筐，将各种不知名的费用都往里装。而销售费用和营业收入之间有逻辑对应关系，你肯定无法相信一个销售额巨大的公司，却没有销售费用，但这在上市公司中非常常见。与前面提到的"银广夏"齐名的"蓝田股份"就是这样一家有着巨大的销售收入，但没有与销售规模相匹配的销售费用的公司，这背后必定有不可告人的秘密。最终，蓝田股份也因为财务造假，受到监管机关的处罚，其高管也获刑入狱。

除了以上三组关键项目以外，管理者和投资者还要重视企业的非经常性损益。**所谓非经常性损益，就是与公司主营业务不直接相关的、偶然发生的一次性交易。**这个数据对于投资者来说尤为有价值。非经常性损益往往被上市公司用来当作救命稻草，一旦发现经营状况不景气，就通过变卖股权、出售资产、寻求政府补贴、税收返还等方式和途径，营造一个看上去漂亮，但充斥着泡沫的故事。投资者应该剔除非经常性损益，就像企业健身一样，保留肌肉，把一些脂肪剔除。

在我国，政府补贴某些企业常常会引发质疑，比如，中石油、中石化这样的垄断巨头，每年以"政策性亏损"的名义获得政府巨额补贴，就被公众频频质疑。再比如，地方政府乱补贴ST公司，被质疑是在扭曲上市公司的真实业绩，拿投资者的钱来挽救劣质资产。最离奇的要数恒信东方，该公司2016年获得政府补助340多万元，公司全年净利润为350多万元，也就是说该公司去掉政府补助全年只赚了10万元净利润。通过简单的分析就可以知道，政府政策对公司的盈利情况起着至关重要的作用，一旦政策发生重大转变，将在很大程度上影响公司的未来发展。

如果说资产负债表是人体的骨骼，那么利润表就是公司的肌肉，肌肉是不是结实，是不是能够有效地支持公司的经营，就看利润表。利润表就像人体的肌肉一样，为企业的生存与发展提供了支撑和动力。所以作为投资者，我们一定要关注哪些公司有脂肪报表；作为管理者，我们更要关注哪些信息是公司报表中的脂肪。

4.5 案例：东南融通，第一家在纽交所上市的软件公司缘何突然退市

2011年8月16日，纽约证券交易所宣布，因涉嫌财务造假而在2011年5月17日已被停牌的中国软件外包企业"东南融通"正式摘牌退市。2012年8月31日，东南融通正式解散。东南融通的财务造假案

件横跨 2011 年和 2012 年，是轰动我国软件和信息技术服务产业的重大事件，也是在美国上市的中国概念股财务造假的典型案件。

东南融通是一家为金融企业提供软件产品的在美上市公司，曾一度成为中国在美上市市值最大的软件企业。2011 年 4 月，做空机构香橼研究（Citron Research）在官网上发布了一篇研究报告，指出东南融通自上市以来所有的财务报告均值得怀疑。报告的质疑主要集中在公司的毛利率显著高于在美国上市的同类企业。报告发布当日，东南融通股价大跌，随后的 5 月 9 日，香橼研究的第二篇报告质疑东南融通的人力资源管理存在问题，另一家做空机构 OLP Global 也循迹而至，发布报告质疑该公司一系列的并购行为，当日股价再度大跌。次日，东南融通勉强回应了香橼研究和 OLP Global 的质疑，但投资者的信心此时已经完全丧失。

2011 年 5 月 17 日，东南融通股票停牌，此时已由最高的每股42.86 美元跌到 18.93 美元，市值缩水超过 10 亿美元。随后 CFO Derek 向董事会辞职，公司推迟原定于 5 月 23 日递交的 2011 年第四季度财报和 2011 年全年财报。审计公司德勤也结束了与东南融通的业务合作，不再提供独立审计服务，美国证券交易委员会（SEC）开始介入调查。7 月 1 日，公司三位独立董事及审计委员会成员同时辞职，此时不仅公司无法向资本市场自证清白，并且纽交所认为其管理架构已不符合上市要求，进入退市程序。

2011 年 8 月 17 日，东南融通进入美国粉单市场（粉单市场是指为从交易所市场退市的企业提供流通报价服务的场所），当日收报 0.78 美元/股，较停牌前的收盘价暴跌了 96%，市值一夜蒸发了近 10 亿美元。此时的东南融通虽已岌岌可危，但尚可维持，不过由于受到做空质疑，高达 10 亿元人民币的应收账款没有得到金融企业客户的及时支付，而公司账面上可以调用的现金已不多，每月高达 1 亿元人民币左右的运营成本无法覆盖，文思海辉、软通动力等 IT 公司纷纷前来挖墙角，东南融通最终走向了终结。2011 年 8 月 31 日，距离香橼研究发布报告 4 个月零 5 天后，这家市值一度高达 24 亿美元的金融 IT 服务业龙头宣布正式解体。

4.5.1 事件起因

东南融通的麻烦始于 2011 年 4 月 26 日，做空机构香橼研究发表文章质疑东南融通涉嫌财务造假。

香橼研究在报告中指出东南融通自上市以来所有的财务报告均值得怀疑，报告提出的质疑表现在以下几个方面。

首先，远高于同行的毛利率。根据 2010 年 3 月的财务报表，东南融通的毛利率为 69%，但市场同行业其他公司的毛利率普遍位于 15%～20%。高利润率的来源是该公司采用了外包来隐藏人力资源的巨额成本支出。公司 76% 的员工受雇于一家人力资源公司 Xiamen Longtop Human Resources（XLHRS），XLHRS 与东南融通存在较强的关联，并转移了大部分人力成本，保守估计为 4 亿～5 亿元人民币。如果去除关联公司的影响，公司所有的财务报表均需修正。

其次，公司隐瞒了创始人贾晓工和连伟舟受到原雇主厦门东南电子计算机公司起诉的事实。起诉的缘由是两人在原雇主不知情的情况下非法招募了 43 名同事，并涉嫌冒充原公司与客户签订合同。

再次，东南融通的董事长贾晓工将持有 70% 的公司股票，价值 2.5 亿美元，在上市 4 年后进行了转赠，赠予对象为公司员工及好友，这不禁让人怀疑该笔交易存在掩盖负债或利益输送的可能。

最后，审计机构德勤未能尽到相应的责任。

4.5.2 事件分析

东南融通的高毛利率是被美国做空机构质疑和做空的核心"指标"。东南融通的财报显示,2008～2010年,东南融通的营业收入分别达到0.66亿美元、1.06亿美元和1.69亿美元,每年的增长率都超过了60%(见图4-5)。由于并购能够帮助软件企业迅速做大规模,而国内软件行业一直处于产业链低端,这也给国内软件企业提供了通过并购来实现综合性IT行业布局的动机。而东南融通则欲通过不断并购来扩展业务线,同时获得较高的营收增长,以在账面上做出较高的毛利率。

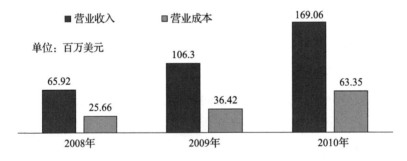

图4-5　东南融通的营业收入和营业成本(2008～2010年)

不过,东南融通财务报表同时也显示2007～2010年的毛利率分别为68.6%、61.1%、65.7%和62.5%,远远高于同在美国上市的软件企业文思海辉、柯莱特、软通动力等。针对做空机构的质疑,我们选取了两家具有代表性的在美国上市的中国软件公司的毛利率资料,如图4-6所示,国内同行平均毛利率为30%～40%,而东南融通则高达60%以上。

虽然这两家公司与东南融通相比有着不同的擅长领域,市场份额也不尽相同,但是由于它们的运营模式趋于一致,目标客户和市场也有所重合,因此销售模式也大同小异。这些企业均为高科技劳动密集型企业,营运成本主要集中于软件开发人员的人力成本,因此成本模型也趋于一致。由于营运模式趋同，定价模型趋同，成本模型也大致趋同，各公司管理效率各不相同，所以毛利率会有一定的差异，但总体上毛利率不应相差太多。如图4-6所示，文思海辉与软通动力的毛利率基本接近，但东南融通的毛利率大致高出其他企业1倍，毛利率的确显得非常可疑。

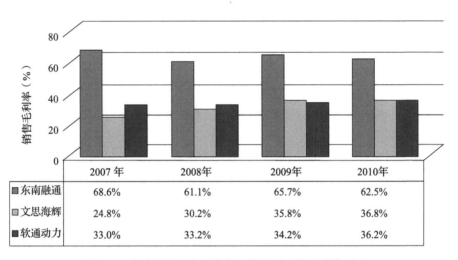

图4-6 东南融通、文思海辉、软通动力的毛利率对比

然而，东南融通对于做空机构事后的回应"业务模式有别于外包公司且业务的35%来自标准化软件产品和维护，其毛利率超过90%，中和起来IT服务的毛利率是55%～60%，80%的雇员直接与东南融通签署雇用协议"缺乏说服力。无论软件开发项目是外包还是由自己的员工实施开发，最终的主要成本仍然是开发人员的人力成本。单个开发人员的人力成本不可能远低于市场水平，而且对于相同的项目需求，开发人员的人数安排亦不可能远低于市场同行，因此单位人力成本和每个项目安排的人数都不可能远低于市场水平，那么毛利率就不可能远高于市场水平。香橼研究通过调查在其报告中指出，东南融通通过将人力资源成

本支出转移到关联公司,隐藏了这部分营业成本,造成了毛利虚高(见图 4-7)。

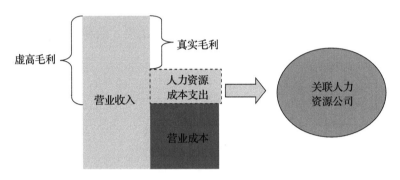

图 4-7　东南融通的人力资源成本转移

最终,东南融通承认财务造假,墙倒众人推,CFO 辞职,美国证监会介入调查,直至公司退市和解体。

4.5.3　小结

利润表通常可以反映一家企业的生产经营情况以及经营成果方面的信息。通过解读利润表,可以了解一定时间内企业的收入实现、支出耗费的情况。不过,由于权责发生制的关系,因此利润表最易操控,也最为可疑。因此,我们必须学会找到企业利润的支撑点和关键点,而这个支撑点和关键点正是利润表上的毛利率。在运用毛利率时,不仅要和企业自身的历史情况做比较分析,更要和行业水平做比较。投资者可以从中发现投资价值,管理者则可以找到提升、发展的空间。

小贴士

东南融通

东南融通(Longtop Group)成立于 1996 年 6 月,公司业务集中于服务银行、保险、基金、证券和一些大型企业的财务公司，为它们提供企业整体信息化解决方案和相关的软件产品。东南融通成立第一年，30多人的创业团队仅仅凭借硬件服务就实现了1亿多元的销售收入，经过3年转型，公司在2000年一举成为厦门最大的软件企业。2007年10月24日，公司以17.5美元的发行价在纽约证券交易所成功上市，融资1.82亿美元，IPO主承销商包括高盛和德意志银行，并聘请了全球知名会计师事务所德勤作为外部独立审计机构。公司头顶"中国第一家在纽交所上市的软件企业"的光环，并一度成为"中国在美上市市值最大的软件企业"。

香橼研究（Citron Research）

"香橼"公司由莱福特创立，他是这个机构唯一的研究人员，通过在自己创建的网站上披露调查报告，使得中阀科技（CVVT）、中国高速频道（CCME）、斯凯网络（MOBI）和双金生物（CHBT）等公司的股票暴跌甚至摘牌，而最令他名声大噪的是让中国公司东南融通（NYSE：LFT）退市。

做空机构在美国市场上并不鲜见，并且已经成为一股重要的投资力量。做空机构一般通过分析上市公司的财务报表，去企业进行实地调研等方式，发现上市公司财务报表中的不合理因素，然后提前向证券清算公司借入该公司股票卖出，并随后向市场广泛发布做空报告，引发抛售潮，使公司股价降到冰点甚至因此受到证监会调查而退市，其中也不乏某些做空机构发布一些对公司经营方面不利的谣言来达到引导市场预期的目的。当然，这些机构也有失手的时候，一旦做空报告因对公司经营情况或者行业市场特征的了解不充分而不买，反而会引发上市公司联合其他机构在市场上买入股票进行反击，推升股价，逼迫做空机构高位止损。

| 第 5 章 |

现金流量表

公司仅靠利润就能生存吗？答案是否定的。很多倒闭的企业是有盈利的。俗话说："不怕没钱赚，就怕链条断。"如果把利润表看成开车的速度仪，那么现金就是油箱中的油，如果没有油，再快的速度也是徒劳。

5.1 胡雪岩的遗憾

讲到现金流，不得不提中国鼎鼎大名的红顶商人胡雪岩（见图 5-1）。胡雪岩是一位很厉害的商人，他在杭州开银号、开当铺、办船厂、倒生丝、筹军饷、做房地产、开药店，最后富甲晚清半壁江山，阶至二品顶戴，服至黄马褂，但是死时却无比凄凉，只有七尺铜棺相伴。为什么他最后落到如此下场呢？

就是因为他一生中做错了一件事：他每年都要囤积大量生丝，以此垄断生丝市场，控制生丝价格，而这件事导致了他的死亡。他的对手盛宣怀从生丝入手，大量收购，再向胡雪岩的客户群大量出售；同时，收买各地商人和洋行买办，让他们不买胡雪岩的生丝，致使胡雪岩生丝积压，资金日紧，苦不堪言。

图 5-1　红顶商人胡雪岩

这时，胡雪岩历年为左宗棠行军打仗所筹借的 80 万两白银借款已到期，这笔款虽是帮朝廷借的，但签合同的是胡雪岩，外国银行只向胡雪岩要钱，而盛宣怀已事先串通外国银行向胡雪岩催款。这时，左宗棠远在北京军机处，来不及帮忙。由于事出突然，胡雪岩只好将他在阜康银行的钱调出 80 万两白银，先补上这个窟窿。趁阜康银行正值空虚之际，盛宣怀又鼓动人到银行提款挤兑。胡雪岩只好把他的地契和房产抵押，同时廉价卖掉积存的蚕丝，希望能够挺过这次挤兑，当时各地的阜康银行已经挤兑成风。

不久，这位红顶巨商胡雪岩在悲愤中死去。盛宣怀击溃胡雪岩的案例非常精彩，他采用直击要害截断现金流的手段，使胡雪岩的财富大厦在短时间内轰然倒塌。我们抛开社会和历史的原因，给他致命一击的也就是那区区 80 万两白银的借款。假如胡雪岩有那 80 万两白银，历史也许会不一样了。古今事件都有联系，虽然那时没有现金流量表，但是胡雪岩因资金断裂，大厦倾覆、含恨而终的结局正说明了现金流的重要性。

前车之鉴，后事之师。与古人相比，无论是企业还是个人，都越来越注意到现金流的重要性，也有相关的理论和制度对此进行了提示与约束，但最关键的还是看企业在实际经营中如何把控。

5.2 详解现金流量表：企业的资金流水账

现金流量表，顾名思义，就是记录一家公司现金流入和流出的报表，也就是我们中国历史上的"流水账"。这份表和资产负债表、利润表关注的重点有所不同，资产负债表关注企业的资产营运情况，利润表关注企业基于产品的收入和支出情况，而**现金流量表则重点关注企业资金链的安全性、流动性**。现金流量表在当今的财务管理体制下，越来越受到重视，因为多数企业破产倒闭，并非因为亏损，而是因为资金链断裂。

现金流量表由三个部分组成，包括经营活动产生的现金流量、投资活动产生的现金流量以及筹资活动产生的现金流量（见表5-1）。

表 5-1　现金流量表

项目	金额
一、经营活动产生的现金流量：	
1. 销售商品、提供劳务收到的现金	
2. 收到的税费返还	
3. 收到的其他与经营活动有关的现金	
现金流入小计	
1. 购买商品、接受劳务支付的现金	
2. 支付给职工以及为职工支付的现金	
3. 支付的各项税费	
4. 支付其他与经营活动有关的现金	
现金流出小计	
经营活动产生的现金流量净额	

（续）

项目	金额
二、投资活动产生的现金流量：	
1. 收回投资收到的现金	
2. 取得投资收益收到的现金	
3. 处置固定资产、无形资产和其他长期资产收回的现金	
4. 处置子公司及其他营业单位收到的现金	
5. 收到的其他与投资活动有关的现金	
现金流入小计	
1. 购建固定资产、无形资产和其他长期资产支付的现金	
2. 投资支付的现金	
3. 取得子公司及其他营业单位支付的现金	
4. 支付其他与投资活动中有关的现金	
现金流出小计	
投资活动产生的现金流量净额	
三、筹资活动产生的现金流量：	
1. 吸收投资收到的现金	
2. 取得借款收到的现金	
3. 收到的其他与筹资活动有关的现金	
4. 发行债券收到的现金	
现金流入小计	
1. 偿还债务支付的现金	
2. 分配股利、利润或偿付利息支付的现金	
3. 支付其他与筹资活动有关的现金	
现金流出小计	
筹资活动产生的现金流量净额	

5.2.1 经营活动产生的现金流量

经营活动产生的现金流量，是指企业经营其主营业务而发生的现金流出和流入，主要就是我们通常所说的产品和服务的业务活动，比较常见的有收到的客户支付货款、为购买原材料向供应商支付的现金等。

一般来说，企业经营活动的现金流量除了要维持正常的生产经营以外,还得有足够的现金流量来补偿经营性长期资产的折旧与摊销费用,以及时更新生产所需设备,提高生产效率,还得保证有足够的现金以支付到期债务和利息以及现金股利,并能为企业的发展提供现金流量的支持。尤其是商品经营活动和提供劳务活动占较大比重的企业,充裕的经营活动现金流量是企业正常运转的关键。

若企业经营活动的净现金流量为正值,则说明企业的经营活动开展正常,能够通过正常的商品购、产、销所带来的现金流入量支付因经营活动而引起的货币资金流出;如果与前期现金流量相比,经营现金流净现值金额很大,则说明本期运转良好,除了能维持正常经营外,还能够补偿当期非现金消耗性成本、支付现金股利或者为企业的投资活动提供现金流量的支持。以下是经营活动产生的现金流量所包含的最重要的项目。

- 销售商品、提供劳务收到的现金(流入)。
- 购买商品、接受劳务支付的现金(流出)。
- 支付给职工以及为职工支付的现金(流出)。

5.2.2　投资活动产生的现金流量

投资活动产生的现金流量,是指企业进行投资活动所发生的现金流出和流入,即将自己赚来的钱,投出去,再赚到钱。比较常见的有用现金购买固定资产和设备,直接投资其他企业,购买股票、基金或债券等支付的现金,等等。

投资活动的现金流量分为对外投资现金流量和对内实体性资产投资现金流量。投资活动不同于经营活动,其现金流出与流入基本不同步,所以对其分析要考虑时间的纵度。

如果某一时期，企业投资活动的现金净流量为正，一般表明企业扩大再生产的能力较强，产业及产品结构有所调整，参与资本市场运作、实施股权及债券投资的能力较强；若为负值，则表明企业的状况可能是投资规模扩大但投资回报及变现能力有待提高，也有可能是当期投资过多，投资收益在当期没有显现，所以还需关注未来的收益状况。以下是投资活动产生的现金流量所包含的最重要项目。

- 收回投资所收到的现金（流入）。
- 取得投资收益所收到的现金（流入）。
- 处置固定资产、无形资产和其他长期资产所收回的现金净额（流入）。
- 购建固定资产、无形资产和其他长期资产所支付的现金（流出）。

5.2.3 筹资活动产生的现金流量

筹资活动产生的现金流量，是指企业在募集资金的过程中所发生的现金流入和流出，时尚地说，就是圈点钱回来。到哪里"圈"钱呢？无外乎两个地方：一个是股票市场，另一个是债券市场。这也是资金的两个来源，第一种是以股本的形式，第二种是以负债的形式，何种形式取决于资金需求的多少及资金成本的大小。比较常见的筹资活动有股票IPO获得的资金、向银行贷款获得的资金、向股东发放的现金股利、向银行偿还的贷款利息等。

企业筹资活动产生的现金流量应该满足企业经营活动、投资活动的需要，在整体上反映企业融资状况及其成效。通过对经营活动和投资活动现金流量的分析，可以得出需筹资的时间和金额，以及时、足额地筹到相应的资金，满足企业经营活动、投资活动需要的现金支持。在企业经营活动、投资活动产生大量现金时，筹资活动应及时清偿相应的贷款，避免不必要的利息支出。

如果企业筹资活动的净现金流量为正值，一般来说，企业的融资能力较强，但应进一步关注资金的使用效果，特别是投资效果，一旦投资失败，企业可能会在未来无法支付到期的债务本金和利息以及现金股利而出现不能持续经营的危机；若该值为负，则可能表明企业的债务减轻，本身的盈利水平较高，且款项收回较快，但也可能是企业经营状况恶化，声誉大跌，致使融资困难，这要结合利润表进行具体分析。以下是筹资活动所产生的现金流量所包含的重要项目。

- 吸收投资所收到的现金（流入）。
- 借款所收到的现金（流入）。
- 收到的其他与筹资活动有关的现金（流入）。
- 偿还债务所支付的现金（流出）。
- 分配股利、利润或偿付利息所支付的现金（流出）。
- 支付的其他与筹资活动有关的现金（流出）。

这三类现金流活动，可以再细分为不同的小类活动，它们都会涉及现金的流入及流出。分别计算出这三类活动的流入流出及结余量，然后汇总得出公司在这段时期内的总流入、总流出及结余量。

现金流是衡量企业经营状况是否良好、是否有足够的现金偿还债务，以及资产的变现能力的一个非常重要的指标。现金流量的多少能清楚表明企业经营周转是否顺畅、资金是否紧缺、偿债能力是否充足，以及是否过度扩大经营规模、对外投资是否恰当等，可以为投资者、债权人、企业管理者提供非常有用的信息，更具有参考价值。

分析现金流量表信息能使企业及时发现经营现金流的机会和风险，

若资金不足,企业需要拟好筹资计划,做出以何种方式进行筹资的决策;若资金充裕,企业则可以调查市场,进行有效投资。所以,企业管理部门需要了解现金流量表信息,掌握企业现金流动规律,提高资金使用效率,为正确地做出经营、投资、筹资决策提供依据。这对加强企业管理,促进企业管理者改变管理观念具有重要意义。

5.3 一家汉堡店的现金流量表

我们回过头来看你投资的企业 Shock Shoke,看看在过去的几个月里,你的现金到底是怎样流动的,企业赚钱了,现金到底是多了还是少了。

2019 年 5 月

2019 年 5 月 1 日,你用 15 000 元现金为 Shock Shoke 开了一家新店。对于新店来说,它就有了第一笔现金流入 15 000 元。这笔现金尽管对于投资者"你"来说,是现金流出,但是对汉堡店来说,却是一笔现金流入,而且是基于筹资的现金流入,因此这笔 15 000 元应记入现金流量表的筹资活动现金流流入项(见图 5-2 步骤 1)。

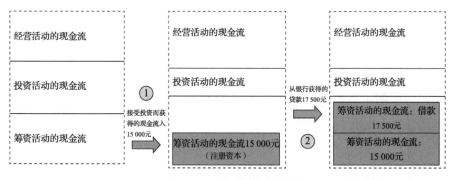

图 5-2 2019 年 5 月现金流记录

2019年5月31日,为了快速发展,你向银行申请并获得了17 500元的贷款,当天贷款以现金的方式汇入你的银行账户。这时,你应当在现金流量表的筹资活动的现金流流入项目栏里记录一笔现金流入17 500元(见图5-2步骤2)。募集资金的工作暂时告一段落。

2019年6月

资金到位以后,就要开始采购原材料和投资生产设备。2019年6月30日,你用1200元现金采购了一批原材料(面粉、牛肉、芝士、蔬菜等)。原材料是为制作汉堡准备的,所以这部分资金的流动属于经营活动的现金流。6月里第一笔现金流出1200元应记入经营活动的现金流流出项下,为负数(见图5-3步骤3)。

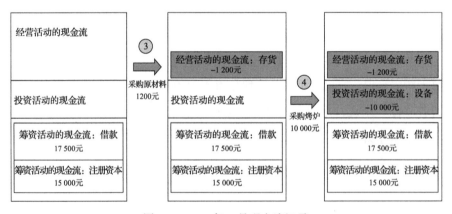

图5-3　2019年6月现金流记录

同日,你用现金10 000元购买的制作汉堡的烤炉,属于生产设备,是公司的固定资产。因此这笔现金流出10 000元,则应记入投资活动的现金流流出项下,为负数(见图5-3步骤4)。

2018年7月

这个月里汉堡店第一次出售汉堡,总共销售了70个汉堡,收到现金700元，同时这个月消耗了原材料（面粉、芝士、牛肉、蔬菜）420元。销售收入现金700元，我们直接记入经营活动的现金流流入项目（见图5-4步骤5）。

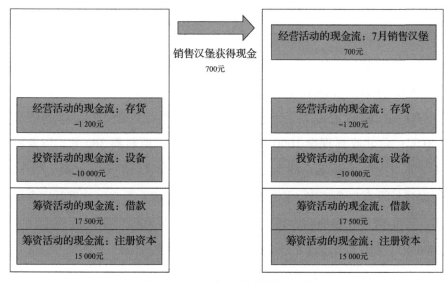

图5-4　2019年7月现金流记录

消耗的420元原材料该怎么记录呢？这是很容易和利润表混淆的地方。消耗的原材料（420元）其实在7月当月并没有发生实际的现金流出，因为早在6月一次性采购原材料1200元时，就已经用现金支付完毕了，所以当月并不存在关于这一部分原材料的现金流出。这就是现金流量表和利润表最大的区别，现金流量表只记录现金流入和流出，不受收入确认的影响，基础是收付实现制⊖，而利润表则不同，只有确认收入时，才会确认相应的成本，属于权责发生制。很多国内中小企业的销售做得很好，业务增长也很快，利润表的数据非常漂亮，但是突然倒闭，

⊖ 收付实现制是一种记账方法，以款项收到和付出的时间，来确认应记录的收入和支出。

主要原因就是现金流出现了断裂,没资金了。

2019 年 8 月

8 月 5 日,为了增加收入,你对隔壁王老土代理"王老土"品牌的饮料进行销售,王老土给你送来 200 瓶饮料,进货价格 1 元/瓶,约定卖完再结算。这时,现金流量表有没有变化?约定时没有发生任何现金变动,所以没有变化。

8 月 31 日,你统计了一下。汉堡店总共销售 60 个汉堡,收到现金 600 元;同时销售了"王老土"饮料 80 瓶,售价 5 元,收到现金 400 元;总共收到现金 1000 元。而同时消耗了原材料 360 元,以及购买"王老土"饮料花了 80 元;原材料早在 6 月就已经全部以现金结算,所以当月没有现金流出,而根据与王老土的约定,等卖完才进行现金结算,因此当月也没有现金流出。所以这个月只有经营活动的现金流入 1000 元(见图 5-5 步骤 6)。

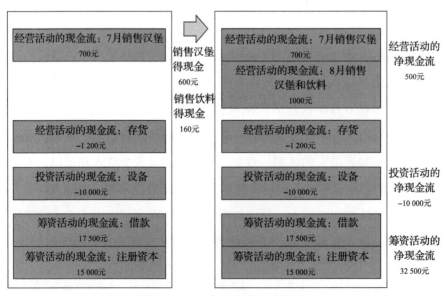

图 5-5　2019 年 8 月现金流记录

图 5-5 右侧显示了 2019 年 5～8 月的现金流量情况。经营活动的现金流量为净流入 500 元；投资活动的现金流量为净流出 10 000 元；筹资活动的现金流量为净流入 32 500 元。合计现金流量为净流入 23 000 元。根据上面的计算，制作简易格式的现金流量表，如表 5-2 所示。

表 5-2　现金流量表（2019 年 5～8 月）　　　　　（单位：元）

经营活动	
流入	1 700
流出	1 200
净现金流	500
投资活动	
流入	
流出	10 000
净现金流	−10 000
筹资活动	
流入	32 500
流出	
净现金流	32 500
净现金流合计	23 000

5.4　企业财务生态管理四象限

现金流量表有三个组成部分，分别是经营活动的现金流量、投资活动的现金流量以及筹资活动的现金流量。第一部分经营活动的现金流量代表企业的"造血"功能，衡量一家企业自我造血的机能。第二部分投资活动的现金流量代表企业的"放血"功能，适当放血有利于身体健康，企业也是一样，资金充沛时，可以适当地进行投资，就像"献血"一样，为未来做好储备。第三部分筹资活动的现金流量是"输血"功能，是企业从外部能带来多少新鲜的血液，好比通过贷款、发行债券以及 IPO，从企业外部筹集资金。那么，"造血""放血"和"输血"功能之间到底是什么关系？对于现金流量表在这三方面的功能又该如何观察、分析？

无论你是企业的管理者还是投资者，**研究和分析现金流量表，重中之重是掌握企业经营活动的现金流量**。我们前面已经介绍过，经营活动的现金流量就是从主营业务中产生的现金流，这是企业的生命线。如果一家公司长久以来一方面欠着上游供应商的钱，一方面却一直收不回下家客户的钱，那么其经营活动的现金流量可能是负数。现金流为负是很难长久支撑企业生存的，更不用说发展了。当然，在中国的上市公司中，也有许多现金流量为负的公司，但是它们的利润表却是正数。这是一个非常有意思的现象，比如东方日升，三年平均净利润增长超过100%，但每股现金流量却是一个巨大的负数。作为管理者一定要分析其原因，找出问题所在，确保经营性现金流健康稳定，而投资者则应对这样的公司敬而远之。

我们把企业的经营性现金流和净利润做成了一张图，净利润为 X 轴，经营性现金流为 Y 轴（见图 5-6）。通过这张图，我们可以将企业分为四类。

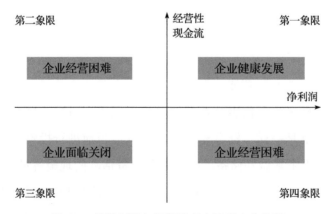

图 5-6　从净利润与经营性现金流看企业状况

第一象限，净利润和经营性现金流都为正数，企业健康发展，代表企业运营正常，自身能够产生经营性现金流入，企业实现长期发展所需的资源能够得到保障。

第二象限，净利润为负数，经营性现金流为正数，企业经营出现困难（产品或市场）。企业虽然亏损，但仍有经营性现金流入，尚能够确保生产销售的正常进行。但是这类情况并不常发生，一般是市场发生突然变化，或者是市场竞争突然加剧，甚至是新技术或替代产品的出现，导致企业利润骤降，甚至出现亏损。比如移动 4G 的推出，会对其他电信营运商造成打击。这时，企业应重点提高产品的盈利能力，比如产品革新，进一步降低成本，适当调整或提高产品价格，加大市场投入以提升销量。

第三象限，净利润和经营性现金流为负数，企业面临倒闭。这样的企业已失去造血的机能，持续亏损，经营恶化，而且又得不到外部资金的补充，将面临破产清算的局面。

第四象限，净利润为正数，经营性现金流为负数，企业经营困难（企业营运）。企业有利润，但没有经营性现金流入，说明企业营运质量不佳，需要外部融资来补充自身的现金不足。这时企业的改进重点不是产品，而是应当加强和提升内部管理与效率，特别是对流动资产的管理，如存货管理、应收账款管理，并充分利用商业信用延迟付款期。

作为企业的管理者，应该如何增加企业的经营性现金流量呢？只有两个着手点。

第一，从产品入手，通过提升企业盈利能力增加企业自身产生的资金。

第二，从效率入手，通过存货管理、信用政策管理和供应商管理，提高流动资金的管理效率。

作为投资者，除了关心经营性现金流量外，还应当关心另外两个重要的指标：**每股现金净流量和支付给职工以及为职工支付的现金**。

对于投资者来说，现金流量的窗口是每股现金净流量，需要重点分析的是每股现金净流量和每股收益之间的关系。如果每股收益中可能有很多的注水，那么每股现金净流量就是挤干水分的一个最为关键和重要的指标。每股经营活动的现金流量和产业状况与景气程度直接相关。比如近年来在每股现金流量最少的 10 家上市公司中，有 5 家是房地产企业，这表明房地产企业受调控和政策的影响，当然也与其季节性和开盘量有关系，很多房地产企业都面临着巨大的现金流危机。

投资者还应当关注支付给职工及为职工支付的现金这一重要指标。有不少上市公司在利润表中大量提取了职工薪酬，却没有实际发放，这种情况表明这些公司在现金流量方面可能存在巨大的缺口，这样的缺口就是投资者应特别注意的。这是一个非常简单且常用的指标，一家公司如果都不打算为员工支付薪酬，不给员工缴五险一金，或者在现金流量表中，这个数字摇摆不定或者连年递减，那么这家公司将衰退无疑。

现金流量表是一张动态数据报表，就像人体的血液一样，只有良性循环，才能为企业提供营养与能量。不少企业的利润表连年快速增长，但现金却持续流出，这样的企业资金链存在很大的断裂风险。在这个现金为王的时代，分析一家公司的财务报表，一定不能忽略现金流量表的重要性。资产负债表是公司的骨骼，利润表是公司的肌肉，现金流量表是公司的血液，血液是否畅通，公司是否会发生贫血病和败血病，就看现金流量表。

5.5　案例：绿城地产黯然"卖身"

2014 年 5 月 22 日晚间，融创中国发布关于收购绿城地产（简称绿城）股份的公告。公告显示，融创中国与绿城签订收购协议，以约 63 亿港元的代价收购绿城 24.313% 的股份，收购之后，融创中国与九龙仓并列为绿城第一大股东。自 2015 年 3 月 1 日起，融创中国董事长孙宏斌将担任绿城董事会主席。绿城黯然卖身。

在此交易期间，网上一直传闻，说绿城"卖身"的主要原因是绿城的老板赌博输了很多钱，宋卫平每月都飞往拉斯维加斯赌博。真相是否果真如此？绿城地产随后辟谣说，董事长宋卫平有幽闭症，2008 年以来从来不乘坐飞机，所以去美国赌博之说是无稽之谈。那么到底是什么原因呢？我们不得不从绿城地产的第一次"卖身"说起。我们把时间倒退到 2011 年。

5.5.1　第一次"卖身"：九龙仓收购绿城

2011 年 9 月 22 日，市场传闻银监会要求信托公司展开对绿城及关联企业房地产信托业务情况的调查，尽管当日绿城发布公告称未接获官方通知，但当日绿城的股票持续大跌。2012 年 1 月 9 日，绿城的股票跌至历史最低点 3.02 港元 / 股，从 2010 年最高点 11.68 港元 / 股跌至 3.02 港元 / 股仅仅用了不到两年。

之后从 2011 年年底到 2012 年 4 月，绿城连续转卖 6 个地产项目，这些项目包括杭州兰园、杭州新华造纸厂地块、上海静宇置业、上海外滩地王项目、上海天山路项目和无锡香樟园地块。绿城中国 CFO 冯征对外称，通过转让 6 个项目的股权，回流现金近 60 亿元，如考虑项目本身的贷款，对绿城现金流的影响可达 120 亿元。外界称为绿城通过"卖地"在生死线上缓了一口气。

2012 年 6 月 8 日，绿城宣布向香港九龙仓配股，九龙仓以 17 亿港元收购绿城中国 20% 的股份，之后二次配股 1.6 亿股，最终持有 24.6%，总共涉及资金 51 亿港元。完成配股后，宋卫平的持股比从 33%

摊薄至25.4%，仍是绿城的第一大股东；九龙仓因持有24.6%的股本成为绿城的第二大股东。不过若是加上可被九龙仓换成股份的约25亿可转换股证券，九龙仓在绿城的持股数将增至35.1%，成为绿城最大股东。换句话说，引入九龙仓之后，绿城就不再是宋卫平一个人的绿城。而如果九龙仓若行使可换股证券，则宋卫平甚至不再是绿城的最大股东。这就是绿城第一次"卖身"。

5.5.2 "卖身"背后的原因分析

导致绿城两次"卖身"的真正原因是什么呢？我们先来看一下绿城地产的现金流情况，如图5-7所示。不难看出绿城从2006年开始（除2009年外），经营活动产生的现金流均为负数，每年都有大量的经营性现金流出。相反，筹资活动产生的现金流则逐年大幅增加。通过简单的分析，就可以得知，绿城地产过往数年的现金流的主要来源是筹资活动，即外部资金的输血，而自身的经营活动并未带来可观的现金流入，反而是巨大的流出。经营现金流入远低于筹资现金流入，财务杠杆过高使资金链紧绷。

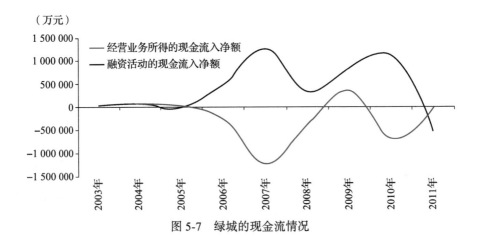

图5-7 绿城的现金流情况

当我们分析企业现金流量时,主要关注的重点是企业的主营业务盈利能力以及企业的管理效率。所以我们不仅仅要关注现金流量表,更应当关注企业的资产负债表,找到企业产生现金流入的源头。我们首先分析绿城地产的经营性活动现金流产生的能力。衡量房地产企业自身的经营性现金流的产生能力最重要的指标是"存货周转率"(将会在第 8.5 节详细介绍)。通常情况下,房地产企业接近一半的资产是存货,存货周转的速度将直接影响房地产企业经营性现金流的产生能力。所以我们要重点关注绿城地产的存货周转率。

通过和行业标杆万科地产(简称万科)的比较分析(见图 5-8),不难看出万科过去多年的存货周转率均远高于绿城,2009 年和 2010 年甚至是绿城的两倍。也就是说,同一笔资金,万科可以周转两个来回,而绿城只能周转一个来回。接下来,我们进一步分析两者的差异。

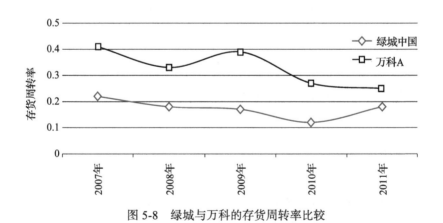

图 5-8 绿城与万科的存货周转率比较

我们做了一张 2014 年各个地产公司的平均房产价格的比较图(见图 5-9)。根据这张比较图,绿城是所有房地产开发商中提供的房产均价最高的房产开发商,相比之下,万科的平均价位则低很多,换言之,绿城的客户对象通常是高端客户,针对相对高端的市场,而万科则是针对中等收入群体，面向中等市场，所以两者的定价有很大的差异。那么在资金的回收时间上，由于针对市场不同，销售难度不同，万科相对会略胜一筹，这也就是绿城需要下功夫去改善的关键环节。

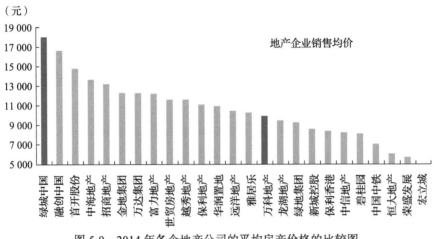

图 5-9　2014 年各个地产公司的平均房产价格的比较图

除此之外，绿城的管控能力相对较弱。不管愿不愿意，2012 年以后，宋卫平最终还是选择了高周转这条路。绿城对高周转的要求是"050912"，即拿地后 5 个月内开工，9 个月内开盘，12 个月内收回土地款。而相比之下，万科高周转模式是"5986"，即拿地 5 个月动工，9 个月销售，第一个月售出 8 成，产品必须 6 成是住宅。绿城和万科销售功力的差距显而易见，落后几乎大半个身位。"最后一公里"的销售环节打通不了，始终是绿城的致命短板。销售不畅的直接后果是资金链紧张，绿城陷入资金危机风暴也在意料之中。宋卫平在内部讲话中也说过，"只有保持项目开发的短平快节奏，才能彻底弥补管理的短板"。可以肯定地说，绿城的资金产生能力肯定不如万科。

了解了绿城自身产生现金的能力，我们再看另一方面，绿城的筹资能力。普通地产企业的筹资渠道无非是以下三个：第一，增发股票；第二，向银行借款；第三，其他渠道募集资金。仔细研究这三个筹资渠道，我们会发现各个渠道都会存在各自的局限。通过增发股票募集资金会面临的最主要问题是控股股东的控股权将会被稀释，这样绿城的董事长宋卫平的控制力将被稀释，甚至失去控股权。通过向银行借款获得资金，企业面临的最主要问题是银行将会严格审查企业的资产负债情况，并不会随意或者一味地放贷。银行通常的做法是在企业营运情况良好的时候，拼命借钱给企业，而在企业运营情况不好的时候，则纷纷抽回资金，所谓"借富不借穷"。所以绿城的情况是越来越难从银行获得贷款。而通过其他渠道筹资企业面临的问题则更多，其中最常见的筹资渠道是发债券或者发信托产品。企业债券发放的流程较为复杂，需要很多政府监管部门的批准，而且也不能一而再再而三地发行债券，所以在融资中的使用比例不高而信托是我们经常听到的"影子银行"的主要组成部分。2014年前后，信托产品融资在房地产行业大行其道，所以绿城也通过信托渠道进行了大规模的融资。但无论如何，最大的募集资金的渠道，同时也是资金成本最低的募集资金的渠道，一定是通过银行融资。那么银行主要关注企业的哪些方面呢？

　　银行仍然最关注企业的资产负债表，其中主要关注企业的资产负债率，也就是负债占总资产的比例（将于第10.2节详细介绍）。银行一般会对不同的行业设定一定的标准，如果超出设定的资产负债比例标准，银行则不会发放贷款。下面我们看看绿城的资产负债率指标（见图5-10）。

　　显而易见，绿城地产的平均资产负债率在过往年份中都远高于万科。2008～2011年，万科的平均资产负债率为72%，而同期绿城的平均资产负债率则高达88%。如果你是银行，绿城和万科同时来找你借钱,你会借给哪一家?如果银根收紧,你又会先向哪家收回欠款呢?不用考虑,先借给万科,而先收回绿城。

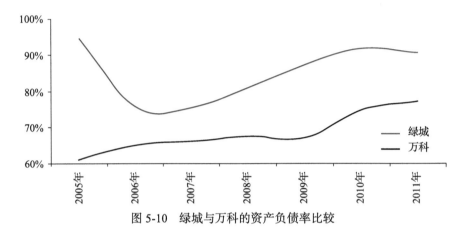

图5-10　绿城与万科的资产负债率比较

通过以上的分析,结论很明确。绿城的营运能力不如万科,自身造血功能不如万科,所以经营活动产生现金的能力就不如万科;在筹资方面,绿城的资产负债率高于万科,所以筹资能力也就不如万科,因此输血功能不如万科。综上所述,绿城资金链的风险远大于万科。

不巧的是,2010年政府正式颁布全国房地产市场调控政策,紧接着政府又开始对金融市场进行调控,对信托市场进行严格监控,也就是在9月,市场传闻银监会要求信托公司展开对绿城及关联企业房地产信托业务情况的调查,绿城陷入资金危机。绿城自身产生现金的能力较弱,银行和信托的融资途径又不畅,因此就有了开头的一幕。2011年年底,不满1个月,宋卫平贱卖了6个项目。网上有一个被广泛引用的段子:2011年年底,一笔5亿元的账款必须在第二天支付,绿城中国总裁寿柏年对SOHO中国董事长潘石屹说,"你再不签,我就要死了"。上述话是否真实,无从考证。但2012年6月,绿城为了避免资金链断裂,引入了香港九龙仓。

5.5.3 引入九龙仓

2009年下半年调控政策松动，楼市暖风频吹。4万亿元政府财政刺激政策的推出使地产商消化了手中大量的存货，绿城的项目销售火爆。年初还濒临破产的绿城在2009年最后一个季度的销售额却高达229亿元，全年销售额达到513亿元，一举超过保利、金地、招商等，跃居全国第二位，仅次于万科。

不过即便如此，由于绿城主要定位于高端住宅，在拿地环节高于周边平均价格，其建造成本也普遍高于一般房企，所以即使公司产品售价较高，但毛利水平并不突出，这也限制了公司采用降价策略来扩大销量，加快存货和固定资产的周转率，以致公司存货周转率和固定资产周转率没有明显的改善。"融资—拿地—再融资—再拿地"的高负债扩张策略没有让绿城的路越走越宽，反而是越走越窄。由于绿城拿的地都是核心优质地段，拿地成本高，精品开发路线导致后续投入的开发成本也高于同行，因此绿城的平均结算价是主流房企中最高的也就不足为奇了。

售价高并不意味着利润空间大，高端、精品的路线也让绿城的主要客户群以现金实力强的投资客和炒房客为主。绿城岌岌可危的资金链必须靠销售额的不断增长才能维持。但2010年和2011年房地产调控政策愈演愈烈，绿城60%的土地和项目集中在江浙地区，这些地区受调控影响较为严重，而绿城客户群中的中高端投资客户受到房贷限制，已力不从心，剩余客户则面临其他开发商的竞争。因此，在2010年销售额增长停滞后，2011年绿城销售业绩十分惨淡，这加剧了现金流压力（见图5-11）。

九龙仓是一家香港的综合性房地产企业，此前绿城通过换股赎回高息票据时,九龙仓曾间接参与了与绿城的交易。从 2010 年起九龙仓开始对内地市场加大投资力度,但内地开发商 5 个月内开工、9 个月内卖楼、12 个月内实现楼盘现金流转正的节奏,让稳健的港式家族企业水土不服,于是长期持有土地、商业地产开发和战略参股内地地产商成为它的主要策略。如今,宋卫平要转让股权腾挪现金,九龙仓就进入了他的视野,另外,九龙仓也在谋求参股一家知名内地房企来进行战略投资。

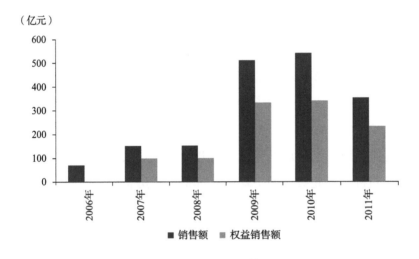

图 5-11　绿城的销售情况

2012 年 6 月 7 日,绿城与九龙仓签署了战略性合作协议。根据协议,绿城将向九龙仓发行两批新股,同时发行 25.5 亿港元的永久次级可换股证券,整个交易募集资金总额为 50.98 亿港元。两次配股后,宋卫平持股比例从 33% 降至 25.4%,仍是第一大股东,绿城中国副主席兼总裁寿柏年持股比例从 23.4% 降至 18.1%,而九龙仓将持有 24.6% 的股份成为第二大股东。九龙仓获两席绿城中国非执行董事席位及一席中国财务/投资委员会席位参与管理,同时承诺前 3 年不转股,第 4 年可转股，转股价为每股 7.4 港元，高于当时市价。

这次交易的关键是 25.5 亿港元的永久次级可换股证券。25.5 亿港元的可转债协议，保证了九龙仓可收取固定的资金成本。相应地，一旦届时绿城经营不善，九龙仓如数将可换股证券转股，持股量将进一步增加至 35.1%，成为第一大股东，而宋卫平和寿柏年的持股比例则会降至 21.9% 与 15.6%（见图 5-12）。相反地，3 年内，一旦赎回可转债之后，宋卫平大股东的地位就已经无法撼动，届时自不必担心九龙仓如何处置其所持股权。

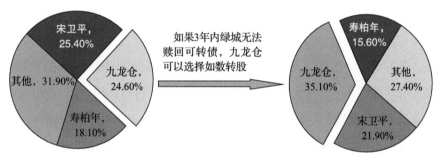

图 5-12　3 年内无法赎回可转债，绿城的股权结构

这次引入战略股东九龙仓，宋卫平也冒了很大的风险，如果未来 2 年绿城业绩不及预期，宋卫平的绿城时代可能就会终结。但九龙仓的加入将绿城净资产负债率（负债与所有者权益的比例）从 2011 年年底的 148.7% 降到了 89%（见图 5-13），而且带来的现金也可以纾解现金上的困境。负债率的下降和九龙仓的参与将改变绿城不断高价拿地的激进作风。而九龙仓也通过这次入股迅速达到了全国化布局的目的。对于宋卫平而言，这是一次成功的资本运作，在引入战略投资者的同时并没有失去对绿城的控制，也为公司业务转型增加了砝码，帮助公司降低负债率、提高周转率和优化业务组合。因此，这一次冒险也存在双赢的可能性。

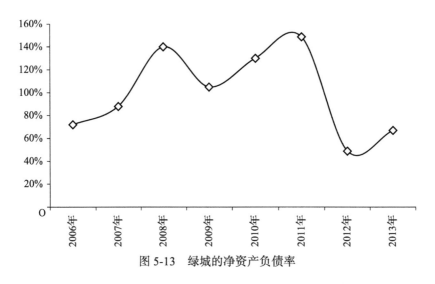

图 5-13 绿城的净资产负债率

事后证明,这次冒险是值得的。2012 年是绿城的转型年,这一年绿城实现营业收入 353.9 亿元,同比增长 61%,净利润达到 60.5 亿元,同比增长 47%,净资产负债率从 2011 年年底的 148.7% 下降到 49.0%。绿城通过摒弃过去采用的激进型扩张道路,调整债务结构改善现金流,加强项目回收周期管理,在楼市调控仍在持续的背景下,艰难地打了一场翻身仗。在 2013 年房地产市场政策逐渐变得宽松的背景下,房地产的市场规模迎来了新一轮扩张,成交总量和成交价格都有显著提升。2013 年,绿城的销售额达到 651 亿元,同比增长 19.2%。绿城的财务状况也有显著改善,盈利能力持续向好,在房地产行业整体利润率下降的背景下,绿城房地产业务利润率较 2012 年上升了 3.6%,达到 20.7%。绿城的代建业务也逐渐成熟,实现管理收益 3.5 亿元。

2014 年 1 月 20 日,绿城中国发行了 5 亿美元的次级永久资本证券,所得款项净额一方面用作永久次级可换股可赎回证券更换及再融资,另一方面用作一般营运资金。绿城之前和九龙仓的永续债还有 3 年才到期,而在美联储缩减 QE(Quantitative Easing,简称量化宽松)的背景下,此时是进行赎回的理想时机。该可换股债券的赎回条款规定绿城有权在任何时候赎回该债券，且最高溢价不超过3.5%。绿城中国暂时度过了资金最紧张的时期，赎回票据后宋卫平依旧将绿城牢牢地掌握在手里。而九龙仓也从这次交易中得到了好处，通过共享绿城的项目资源，九龙仓业务线扩展到了国内多个城市，销售收入增长迅速。

5.5.4　第二次"卖身"

2014年5月22日晚间，融创中国发布公告称，公司已与绿城签订协议，以约63亿港元收购绿城24.313%的股份，收购之后，融创中国与九龙仓并列成为绿城的第一大股东。交易完成后，融创中国持有绿城24.3%的股份，九龙仓持有24.3%的股份，宋卫平持有10.5%的股份，寿柏年持有8.1%的股份（见图5-14）。自2015年3月1日起，孙宏斌将担任董事会主席，宋卫平退居名誉主席。宋卫平为何选择在这个时机急流勇退？或许是激进的绿城与稳健的九龙仓貌合神离，或许是宋卫平与孙宏斌两个经历过大起大落的人惺惺相惜，或许是心力交瘁的宋卫平看到了地产的寒冬才刚刚开始。

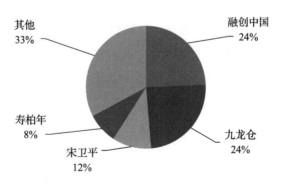

图5-14　融创中国入股后绿城的股权结构

注：由于四舍五入加总后不等于100%。

无论如何，在此次通过引入融创中国来制衡九龙仓，精心设计股权结构的背后，老道的宋卫平依旧留有话语权。而宋卫平没有离开地产江湖，他马不停蹄地投入二次创业中，打算在代建、养老和现代农业业务上开创另一片新天地。

5.5.5 小结

现金是企业的血液。通过分析现金流量及其结构，可以很好地把控企业的经营状况，分析企业的现金收支构成，评价企业的资金实力。现金流分析分为三部分——经营活动产生的现金流、投资活动产生的现金流和筹资活动产生的现金流，它们分别表示企业主营业务的运营情况、投资活动的收益情况和财务状况的健康程度。

房地产行业是一个资产负债率较高的行业，这就迫切要求房地产企业能通过迅速地将手中的存货销售出去以应对归还银行借款利息的压力。案例中的绿城是精品房企的代表，通过高价拿地、高成本开发、高价出售的模式运营。由于拿地和开发环节的成本过高，而销售环节倚重高端投资客，存货周转率低，一旦宏观环境发生变化，比如限购令和银行缩紧银根，公司就难以通过降价销售回笼资金，因此企业资金链屡次告急。这种经营风险很清晰地显示在经营活动产生的现金流和筹资活动产生的现金流的变化上。现金流的恶化加上高资产负债率将加速企业走向破产的边缘，这也是在后宋卫平时代绿城努力向轻资产转型，大力发展代建等管理输出业务的原因。

小贴士

绿城

绿城（Greentown）于1995年1月6日在浙江杭州注册成立，2006

年7月13日，绿城中国控股有限公司在香港上市，绿城为其全资子公司。2010年，绿城实现合同销售额达541亿元，总品牌价值达80.08亿元，连续7年名列中国房地产公司品牌价值前10名，连续7年名列中国房地产百强企业综合实力前10名。与其他地产巨头不同，秉承"真诚、善意、精致、完美"的核心价值观，绿城着力打造中高端精品住宅，产品以别墅、多层公寓、酒店式公寓、白金五星级酒店为主，其作品处处体现的是理想化的人文气质。通过开发高品质的项目，绿城成为精品物业的代表。

九龙仓

始创于1886年的九龙仓（Wharf Holdings）原是香港最大的货运港，1978年环球航运集团的"船王"包玉刚入主。20世纪90年代初，包玉刚辞世后他的二女婿吴光正接管家族业务，此后九龙仓集团横跨房产、传媒、酒店、港口、商贸多个领域，资产超过3000亿元，成为香港十大地产商，地产业务涵盖基建、酒店和综合购物中心。2013年上半年，集团应占物业销售额（不包括绿城）为109亿元人民币，较2012年上升45%。

融创中国

融创中国控股有限公司（Sunac China Holdings Limited，简称融创中国）是一家于香港联交所上市的专业从事住宅及商业地产综合开发的企业。迄今，公司在环渤海、成渝和苏南城市群拥有众多处于不同发展阶段的项目，产品涵盖高端住宅、别墅、商业、写字楼等多种物业类型。与宋卫平一样，融创中国的掌门人孙宏斌也几经命运沉浮。1994年，孙宏斌在天津创建了一家房地产代理公司，并获得了联想集团总裁柳传志的50万元借款。在柳传志和中科集团的支持下，他成立了中科联想房地产开发有限公司,之后更名为天津顺驰投资有限公司(简称顺驰)。到2003年,顺驰开始在全国扩张,高价拿地布局全国,不过此后由于扩张速度太快于2006年被路劲基建收购。不服输的孙宏斌继续创立融创地产集团再战江湖,并在2010年成功在港上市,进入国际资本市场。

图5-15是绿城中国、九龙仓集团和融创中国的净资产收益率(利润与所有者权益的比例)与净利润同比折线图。

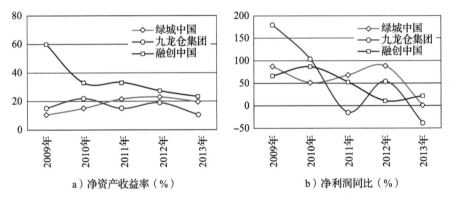

a)净资产收益率(%)　　　　b)净利润同比(%)

图5-15　绿城中国、九龙仓集团和融创中国的净资产收益率与净利润

| 第 6 章 |

发 展 能 力

6.1　巴菲特最关注的指标

无论是投资者还是企业的经理人,最重视的是企业的盈利,而企业记录盈利情况的报表叫作利润表。股神巴菲特就特别关注企业的盈利。巴菲特曾经说过:"买股票就是买公司,只要公司的盈利长期增长,股价自然就会长期增长。"

那么我们在看利润表时,是不是就看最后一行的利润数额就可以呢?这显然是不对的。股神巴菲特说,他看利润表的时候,看的不是最后一行的利润是多少,也不是中间的某一行,他**第一个关注的指标是第一行的企业的销售收入。**

企业的销售收入是指企业销售商品的收入、提供劳务的收入和让渡资产使用权的收入,它是企业在日常活动中形成的经济利益总收入。为什么巴菲特看财务报表时首先关注公司的销售收入呢?他的做法是否正确呢?

销售收入是企业所有利润的最根本的来源。如果我们把利润表比作一棵参天大树，那么利润就是这棵树上结出的果实，而销售收入则是这棵树的根，是企业利润（果实）的根本来源。销售收入和利润之间存在着因果关系，没有收入（因），就一定没有利润（果）。只有足够多的收入，才可能产生足够多的利润。

年轻女孩找对象，通常会说："我希望找一个有上进心的老公。"言下之意就是，你可以没车、没房、没存款，暂时是一个"三无产品"，但是你只要有"上进心"，不断产生收入，而且越赚越多，生活照样可以过得有滋有味。相反，如果你有房、有车、有存款，可是都不多，房只够自己住，车还得养，存款有限，你还好吃懒做没收入，日子肯定过不下去，吃穿用度处处得花钱。这就是收入的重要性。

企业没有收入，就和个人没有收入一样，根本没法长期生存。所以，作为投资者和企业的经理人，你必须特别关注利润的最根本来源——销售收入。就像世界 500 强企业的排名，依据的不是资产规模，不是品牌价值，不是利润情况，而是销售收入。

6.2　销售收入

6.2.1　销售收入的增长率和增长的持续性

我们了解了企业存在和发展的根源是销售收入。那么作为职业经理人或者投资者，我们应该关注和分析销售收入的哪些关键指标呢？我认为，企业最需要重视的指标是销售收入增长率。

$$销售收入增长率 = \frac{本期销售收入 - 上期销售收入}{上期销售收入} \times 100\%$$

在各种反映企业发展能力的财务指标中，销售收入增长率指标是最关键的指标。因为只有实现企业销售额的不断增长，企业净利润的增长才有保障，股东权益的增长才有保障，企业规模的扩大才能建立在一个稳固的基础之上。

我们不应该仅仅关注过去一年或两年的收入增长率，而应该把时间段拉得更长，比如 5 年、10 年甚至更久。也就是说，我们在关注销售收入增长率时，不仅需要关注增长的幅度，同时也要关注销售收入增长的持久性。就像很多人崇拜股神巴菲特，原因非常简单：巴菲特不仅能够赚大钱，如巴菲特在公布 2010 年年报时称，在过去的 45 年里平均投资回报率在 20% 以上；而且他活的时间很长且健康，巴菲特 84 岁时仍在经营和管理自己的公司，而不少富豪在这个年纪可能很早就去世了。这就印证了小品所说的"人生最大的悲哀是，钱还在，人没了"。企业经营也是一个道理，不仅要能赚大钱，而且要能持续赚大钱。这其中的财务原理又是什么呢？让我们来看看**最常用的股票定价模型——股利折现模型**（Dividend Discount Model，DDM）。

股利折现模型的基本原理是一家公司的价值等于它未来收到的股利进行折现后的净现值。通俗地讲，就是任何资产的价值等于其预期未来全部现金流折算到当前的价值总和。

在此插入一个货币时间价值的概念，简单理解就是今天的 1 元钱不等于将来的 1 元钱。举个最简单的例子，将 100 元存入银行，年利率 4%，那么一年后，100 元就变成了 104 元，一年后的 104 元等于当前 100 元的价值。2 年后，100 元就变成为 108.16 元，2 年后的 108.16 元等于当前 100 元的价值。100 元是 104 元在利率为 4% 时，折现 1 年的现值；是 108.16 元在利率为 4% 时折现 2 年的现值。

通常情况下，公司价值由其内在因素（如生产要素的合理搭配、管理水平、未来的盈利能力等）决定，因此，如果能够得到完全信息，股利折现法是一种比较准确的估值方法。

要想用股利折现模型计算企业价值，一般需要把握三个变量：企业存续的期限、企业在存续期限内每一期的股利、折现率。一般而言，预期股利越高，企业的价值也就越高。

股利折现法适用于分红多且稳定的公司，尤其是非周期性行业的企业；它不适用于分红很少或者不稳定的公司，尤其是周期性行业。一般而言，高速增长的公司会有较多的投资机会，需要的资金也较多，因此，这类公司会倾向于不支付股利或者支付较低的股利。而处于稳定增长甚至不增长或者衰退期的公司，由于投资机会少，因此需要支付较高的股利，此时用股利贴现模型进行估值比较准确。

在股权分置改革（简称股改）之前，中国所有上市公司的股票非常适合用股利折现模型进行估值。因为股改前，中国上市公司的非流通的非控股股东，既无法获得控制权带来的收益，也无法获得流通股带来的溢价，其所获得的收益，通常就是上市公司的分红，假定这种情况能够永续，则其股权的估值就非常适用股利贴现模型。然而，随着股改的完成，这种情况目前已经越来越少了。

股利折现模型的公式如下，它表示公司的股价等于每期分红折成当前价值的加总。

$$P_0 = \frac{Div_1}{1+r} + \frac{Div_2}{(1+r)^2} + \frac{Div_3}{(1+r)^3} + \cdots = \sum_{t=1}^{\infty} \frac{Div_t}{(1+r)^t}$$

式中，Div_1、Div_2、Div_3、$\cdots$、Div_t 是指第 1 期、第 2 期、第 3 期……第 t 期的股利（也称股息、红利、分红）；P_0 是指股票当前的价格；r 是指预期投资回报率（贴现率）。

根据股利折现模型可以看到，如果股票市场上只有一个买家，没有其他买家竞争，而且这个买家持有股票的目的是获得长期投资回报而非买卖差价，类似于买债券，那么这只股票的初始价格 P_0 就将等于今后每年的股利（Div）逐年贴现的总和，也可以参考图 6-1 的股利折现计算图表。这个概念与优先股特别相似，优先股就是以获得红利为目标而不可以在流通市场上买卖交易的一种股票。

通过对股利折现模型的分析，不难看出**股票的价格只与两个因素有关：一个是预期投资回报率（r），另一个是股利（Div）**。如果投资者对未来每年的预期投资回报率假设不变，股票的价格就完全取决于未来的股利。在真实市场环境下，投资者对长期投资回报率的预期往往保持着稳定状态。因此如果股票价格要保持持续不断的增长，那么股利必须保持持续稳定的增长，所以**股利不增长，股票价格就一定不会增长**。

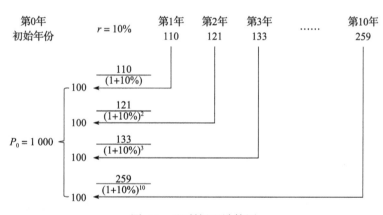

图 6-1　股利折现计算图

驱动企业股利增长的因素是什么呢？股利（分红）来自企业利润，如果没有利润自然就不会产生分红；利润增长，股利（分红）自然增长；利润增长的最终源泉是销售收入的增长。因此股价、股利（分红）、利润和销售收入的逻辑关系是，只有销售收入持续稳定增长，利润才会持续增长，利润持续增长才会导致股利持续增加，股利增加才会推动股票价格增长。这也就是为什么所有机构投资者、投资银行在判断企业是否值得投资时，第一个关注的因素就是销售收入的增长情况和未来增长的空间。

6.2.2 销售收入增长的含金量

销售收入增长率越高是不是就一定越好呢？也不完全是这样。就像我们平常吃的鸡肉，如果鸡长得太快，也并不一定是好事，长得太快说明饲料可能用得过度，肉质不一定好，试问一只鸡如果不到一个月就长成，你是否真的敢吃？企业的销售收入也是一个道理。

企业的销售收入也可能在一段时间内增长得非常快，增长率非常高，但这不一定是好事。我们经常会看到有一些网站和商场，清仓赔本大甩卖，短期内销售收入增长率可能会特别高，但是这些收入增长或许带来的不是盈利而是亏损。对于投资者而言更是如此，一些新上市公司在上市之前的财务报表上每年的销售收入呈高速增长，一旦上市，销售收入的增长就开始停滞，甚至出现负增长，这并不是好事。

因此，当我们分析销售收入的增长情况时，第一步要看企业的销售收入增长率到底高不高；第二步要看销售收入增长的质量优不优，是不是可持续的。也就是说，在关注增长的同时，要更加关注销售收入的质量（含金量）。

巴菲特在1981年致股东的信中提到，他对那些只重视收入规模增长的大企业十分不屑，他说去问问那些名列《财富》500强企业的经理人，如果不按销售收入，而按照盈利能力进行排名，自己的公司会排在第几位。同时他强调说，如果公司把胜利等同于高销售收入和高市场占有率，而不是高盈利，那么就会遇到大麻烦。正如他所重视和强调的一样，历史上为了做第一名而倒下的公司比比皆是，比如手机行业曾经的全球霸主诺基亚倒在了智能手机面前，在它前面倒下的则是赫赫有名的摩托罗拉。

什么是高质量或者高含金量的销售收入增长呢？销售收入在持续不断增长的同时，利润也在持续稳定地增长，而且利润的增长率要比收入的增长率更高。

根据中国证券市场的统计数据，我对 2005～2017 年中国的白酒上市公司的收入涨幅、利润涨幅与股价涨幅做了一个对比。我发现，凡是那些上涨得非常快的大牛股都有一个共同特点，就是它们的收入增长率很高，而且利润增长率更高，最终它们的股价增长率比利润增长率还要高。

我们先看贵州茅台，在过去的十几年里，贵州茅台的收入增长了 10 倍，净利润增长了 18 倍，而它的股价增长了 55 倍（见图 6-2）。泸州老窖在 2005～2017 年，它的收入增长了 5.5 倍，利润增长了 6 倍，而它的股价增长得更快，增长了 34 倍以上。

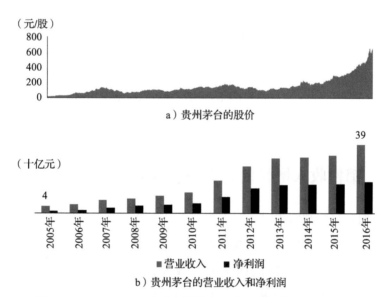

图 6-2　2005～2016 年贵州茅台的股价、营业收入和净利润

同样地，在大洋彼岸的美国市场中，互联网巨头谷歌在 2005 年的营业收入为 61 亿美元，净利润为 15 亿美元。到了 2017 年，该公司的营业收入高达 1109 亿美元，净利润为 127 亿美元，双双创下了十几倍的增长速度（见图 6-3）。在这期间，谷歌的股价从首发价 85 美元 / 股飙涨至最高 1053 美元 / 股，在股价最高时，市值更是超越了传统巨头微软和沃尔玛。

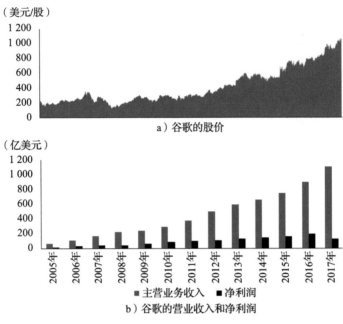

图 6-3 2005～2017 年谷歌的股价和营业收入、净利润

6.3 销售收入增长的五大驱动因素

我们在分析利润表时,第一个要看的指标就是销售收入,因为它是企业利润的根本来源,没有收入的增长,就没有利润的增长,企业就没有价值,所以我们必须特别重视销售收入的增长率。不过,我们不能只看财务报表账面上的销售收入增长率的高低,还一定要分析财务报表数据,找到驱动销售收入增长的最根本因素。

6.3.1 价格第一

一家企业最基本的销售收入的财务模式就是:

销售收入 = 销售价格 × 销售量

只不过现在很多企业的产品线非常丰富，产品众多，所以销售收入的构成模式看起来非常复杂。基于最基本的销售收入的财务模式，推动企业销售收入增长的最基本的两个驱动因素就是价格和销量，企业最理想的情况就是在公司产品提价的同时销量又能大涨。然而，提高价格与提高销量在现实中往往如同鱼和熊掌，不可兼得，那么，哪一个优先保障呢？毫无疑问，一定是提高价格。

评估一家企业的好坏，最重要的单一性、决定性因素，就是企业的定价能力。如果你提价 10%，根本不担心你的客户会流失给竞争对手，那么你拥有的就是一家非常好的企业；如果你决定提价 10% 后，夜不能寐，时刻担心顾客都去购买竞争对手的商品，那么你拥有的可能就是一家糟糕的企业。当然，能提价是一件非常好的事情，但问题是，什么样的企业才能提高商品价格？事实上，我们经常看到的是，市场上的很多商品一旦提价，顾客都流失了，销量大受影响。现实情况和我们的理想总是有着巨大的差异。

什么样的企业，既能够提高价格，又不担心客户会流失呢？根据市场上的历史数据分析，以及对很多大公司的投资经验和企业经营理念的总结，**只有那些具有"经济特权"的企业，才能不断地提高价格并且保持销量不会下滑**。这里所谓的"经济特权"是指商品的三个特点。

第一，顾客需要或者顾客希望得到的，也就是顾客**"想要的"**。

第二，顾客认为找不到很类似的替代品，除了你之外，别的我都不要，也就是顾客**"只要的"**。

第三，因为顾客"想要"又"只要"它，就相当于这个商品把一个狭窄的市场给垄断了，既然垄断了市场，政府也会限制价格，但这种商品的价格不受政府管制，总结起来就是**"不受管制的"**。

巴菲特就找到了这样一家有着**"经济特权"** 的企业——"禧诗糖果"（See's Candy）。1998 年，巴菲特在佛罗里达大学演讲时说："当我们买入禧诗糖果时，我和我的合伙人芒格觉得有一种尚未开发出来的定价魔力，每磅 1.95 美元的糖果可以很容易地以每磅 2.25 美元的价格卖出。我们每年都在 12 月 26 日，圣诞节后的第一天，涨价。圣诞节期间我们卖了很多糖。今年，我们总共赚了 6000 万美元。10 年后，我们会赚得更多。在那 6000 万美元中，5500 万美元是在圣诞节前 3 周赚的，耶稣的确是我们的好朋友。这的确是一桩好生意。"（见图 6-4）

图 6-4　巴菲特和禧诗糖果

1972 年，当巴菲特买下禧诗糖果时，这家公司的年销量为 1600 万磅，2007 年增长到 3100 万磅，35 年只增长了 1 倍；但销售收入从 1972 年的 0.3 亿美元，增长到 2007 年的 3.83 亿美元，35 年增长了 13 倍；净利润从 1972 年的 500 万美元，增长到 2007 年的 0.82 亿美元，整整增长了 16 倍。销量增长了 1 倍，销售收入增长了 13 倍，利润增长了 16 倍，这些成绩都归因于禧诗糖果有能力持续涨价。

禧诗巧克力是美国西部销量最大的巧克力，也是价格最高的巧克力，可以说是美国本土巧克力中的"战斗机"。在《巴菲特的护城河》中，帕特·多尔西指出，如果投资不能通过定价权等形式创造收益，那么这种品牌就无法创造竞争优势。"你能想象，在情人节那天，禧诗糖果的价格已经是每磅 11 美元了。当然还有别的牌子的糖果是每磅 6 美元。当你回到家，递给你的那位（每磅 6 美元的糖）时说：'亲爱的，今年我买的是廉价货？'这绝不可能行得通！"很显然，禧诗糖果的品牌优势使得它能以远高出同类产品的价格出售，这本身就是一条无与伦比的护城河。

对于价格优势，巴菲特的合伙人芒格这样评价禧诗糖果："在有些企业中，很自然的事情是定价能力决定一家企业在行业中的主导地位。产品质量，与客户服务、商店形象和公众对产品的精神感知等一起铸就品牌。很多好男人可能会在网上购买一条廉价的钻石项链，但如果他用一个蒂芙尼公司知更鸟蓝色盒子包装，妻子一定能从中体会到爱意。类似，在 2 月 14 日这一天，如果你重要的另一半买了盒新型装巧克力，即使没有打开盒子，看到禧诗糖果著名的怀旧糖果标志，你也能感到甜蜜。"

这就是大家都"想要"而且"只要"的禧诗糖果。"想要""只要"，且价格不受政府管制，符合了这三个特点，就符合了所谓的"经济特权"，只有这样的商品，才能够不断提高价格，而且不用担心销量的下滑。

巴菲特在投资禧诗糖果上赚了很多钱，还把从禧诗糖果投资中发现的经济特权的投资经验，运用到投资其他股票上，赚了更多的钱。巴菲特曾说过，"要是我们没有买下禧诗糖果，我们也不会买下可口可乐。感谢禧诗糖果为我们赚到了 120 亿美元。我们很幸运地买下了全盘业务，这件事教会了我们许多"。

1973 年，巴菲特购买了《华盛顿邮报》，报纸可以不断地提高广告价格，且根本不用担心销量下滑。巴菲特在《华盛顿邮报》这一只股票上就赚了 160 倍，巴菲特有一句名言："我最想投资的企业就是那种傻子也可以管好的企业。"什么样的企业是傻子也能管好的呢？就是那种可以放心大胆地提高价格，根本不用担心销量会下滑的企业。这就是巴菲特梦寐以求的企业。

苹果公司对iPhone的定价就是一个鲜活的案例（见图6-5）。16G的iPhone3Gs在2009年中国市场上市时的售价高达3393元，成为手机中的奢侈品。一般手机厂商在推出产品后价格会随着时间的推移有30%～50%的降价空间，但苹果的价格直至iPhoneX上市也没有太大变化。2010年6月，16G的iPhone4在中国市场上市时，价格还是维持在4999元。之后的历款iPhone的价格只升不降，到iPhoneX入门款上市时，价格更是提升至8388元。

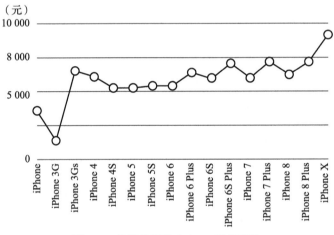

图6-5　苹果公司的iPhone手机定价

高价还有高销量的保证：2009财年iPhone产品销售2700万台，2010财年iPhone产品销售4000万台，2011财年产品销售超过5000万台，到了2017年，全年iPhone的销量接近2.15亿台。每一代iPhone都在不断创新，在不断带给用户新体验的同时，还维持了产品的高端定位，保持了定价和销量的稳定增长。苹果从一家日薄西山的末路英雄东山再起，一度成为全球市值最大的公司，也就不让人感到奇怪了。

在中国，有没有这种巴菲特最想投资的企业呢？有没有巴菲特所说的"傻子也能管好"的企业呢？我们来看几个例子。首先是大家熟悉的贵州茅台。

贵州茅台的主打产品飞天茅台从2000～2004年，价格由每瓶200多元涨到了350元；2005年的价格是每瓶400元，2009年经过3次提价，涨到了每瓶680元，2010年又经历了3次提价，涨到了每瓶959元；从2011年开始，飞天茅台的价格一路从每瓶1098元疯涨到2000元以上。然而在随后的行业调整期中，受到限制三公消费、军队禁酒令等政策的影响，茅台酒的需求出现了断崖式下滑。2015年全年价格均在每瓶900元以下，相较2012年的价格高点跌去了55%之多。然而即使在行业最困难的时候，茅台酒仍然坚守每瓶819元的出厂价，有力地捍卫了贵州茅台的品牌价值，2013～2016年，茅台酒的一批价从未跌破出厂价，成为高端酒中唯一能保持顺价经营的品牌。在这段时期内，贵州茅台的股价也从首发时的每股31元涨到最高的每股799元。

另一家是我们非常熟悉的中药企业云南白药，在2000～2017年这10多年中，云南白药多次提价，很多品种的价格都已经翻番了，它的销售收入不但没有下滑，反而增长了28倍，它的利润增长了58倍，股价增长了40多倍（见图6-6）。

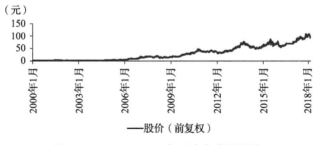

图6-6　2000～2018年云南白药的股价

大家可以看到，以上两家优秀的企业都有共同的特点，它们的收入增长率很高。它们的收入增长主要来源于哪里呢？提高价格。提高价格推动收入快速增长，进一步推动了利润更快速地增长，而利润再推动股价进一步大幅增长。图 6-7 为贵州茅台、云南白药 2000～2013 年的股份及营业收入增长情况。

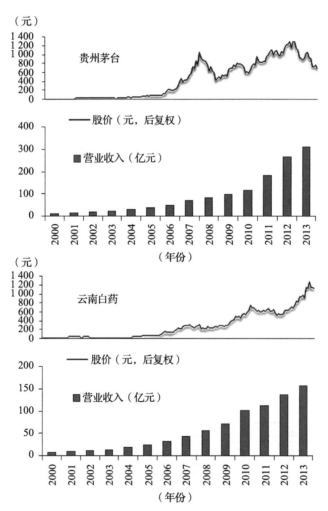

图 6-7　2000～2013 年贵州茅台和云南白药的营业收入和股价

所有投资者和管理者都喜欢那些能够不断提价却不担心收入下降的

公司，但遗憾的是，这种能够不断提价的公司只是凤毛麟角。那么，如何让不能提价的公司的销售收入大幅增加呢？我们还有哪些武器呢？

6.3.2 提升销售量

一家企业最基本的销售收入的财务模式就是，销售收入等于销售价格乘以销售量。如果销售价格无法提升，那么企业可以做的就是提升销售量，"中国制造"在世界范围内的成功就印证了这一逻辑。

现在不论你去世界上的哪个国家，在超市或者商场里，所见最多的就是中国制造的商品。中国制造的商品以"价廉物美"快速占据了全球市场。而"低价、快速、销量大"就是"中国制造"的典型特征。中国大多数制造型企业崛起的关键因素都是在相对低廉的价格上不断地提升销售量，从而占据市场份额。最具代表性的行业就是白家电行业。正是通过快速提升销售量这一策略，国内的知名企业如海尔、美的迅速占领了国内市场，进而走出国门，快速占领了全球家电市场的份额，取代日本企业成为市场上的领先者和佼佼者。

这恰恰是中国古老的商业法则"薄利多销"的最好诠释。因此，如果企业不具有不断提升价格的能力，则应该考虑如何提升产品的销售量。

6.3.3 地域扩张

如果一家企业既不具有提价能力，而且由于已经占据了区域市场的领导地位，已不具备大幅提升销售量的能力，那这样的企业是不是就没有再发展的空间了？当然不是，我们来看看中国房地产行业的龙头企业万达集团（简称万达）。

万达成立于1988年，注册资本100万元，从事住宅建设和开发，它在很短的时间内成为大连地区的行业领先者之一。1992年，万达就开始了跨区域经营，在广州成立了一家公司。当时南北方市场有差异，语言也有障碍，很多北方企业不敢到南方做生意，而万达做出了大胆的决定。尽管在广州开发没有赚多少钱，但最重要的是给了万达走出去的勇气。1998年，万达开始了全国范围的战略扩张。万达成为中国第一家走出地域、异地发展的房地产企业。经过十几年的发展，万达在全国几十个城市里都拥有住宅、酒店和城市商业中心的建设项目，最多见的就是万达商业广场。

根据2016年万达公布的年报，截至2016年年末，万达资产规模达到7961亿元，同比增长21%；收入为2550亿元，计划完成率为103%，同比增长3.4%，但净利润同比实现了两位数的增长。万达就是很好的地域扩张策略的推行者，通过商业广场建立一个城市综合体，在周边地价上涨后，将综合体内的商铺、写字楼、公寓住宿出售，实现资金回笼。这样的商业模式很好地解决了一般商场高速扩张时会出现的资金瓶颈问题，而且正是地域扩张战略推动了万达的快速发展和壮大。万达将这种模式扩展至全国，快速复制并建立起庞大的商业帝国。

在众多行业中，零售行业使用的更普遍的扩张模式则是在低价策略上大量增开新店，大幅提高销售量，推动销售收入快速上升，最典型的代表是沃尔玛、家乐福。连锁零售企业收入增长的主要模式是通过开设分店向外扩张，比如国际知名企业麦当劳、肯德基。当然，公司能够在不断开设新店的同时保持收入的持续增长，也是收入增长的一个重要因素。

企业如果没有定价权，同时所处的市场已经接近饱和，在销售量也无法上升的时候，可以找到另外一条提升销售收入的快捷出路——地域扩张。

6.3.4 全球化

很多年前，全球化对我们来说还有点儿遥远，而现在，全球化已经不再只是一个简简单单的口号了。越来越多的国内企业在大胆地冲出国门，比如吉利汽车收购沃尔沃汽车，万达收购美国影业巨头AMC等，而与之对应的是，国外企业也纷纷进入中国市场。很多年前，世界500强企业还是"高大上"的代表，而当下，我们身边的很多人都在世界500强企业就职，我们身边的很多产品都来自世界500强企业。

有一家汽车企业2017年在中国卖了400万辆汽车，而在全球其他地区的销售量却不到中国的1/4。如果让你猜这是中国汽车企业还是国外汽车企业？你多半会猜这是中国汽车企业，我第一次看到这个数据时也是同样的反应。不过，这家企业还真不是中国汽车企业，而是全球汽车巨头——通用汽车。

2017年，中国连续6年蝉联通用汽车的全球最大市场，相比而言，2017年通用汽车在美国的销售量仅300多万辆。同期，通用汽车麾下的凯迪拉克、别克、宝骏三大品牌也分别刷新了在华销售量纪录。其中，凯迪拉克已经连续22个月实现了两位数的销售量增长，2017年销售量增长51%，达到17.55万辆。通用汽车在中国的畅销品牌别克的销售量超过118万辆。2017年，别克推出了7款车型，加强了其在主流乘用车市场的领先地位。这是别克品牌110年来的新高。此前的销售量纪录是1984年的1 003 345辆，当时它在美国市场销售了941 611辆，而在中国市场没有销售量。时至今日，中国市场为别克品牌的全球销售量贡献了八成份额。

同样是世界500强企业，拥有肯德基、必胜客等知名品牌的餐饮连锁企业百胜餐饮集团（Yum！，简称百胜集团），销售收入的增长同样来自对国际市场的拓展，尤其是中国。2014年，百胜集团全球的营业额超过 130 亿美元，其中由中国市场贡献的就有 69 亿美元。超过一半的收入来源于中国市场，仅 18% 的收入来自美国本土，其余部分则来自其他国家的收入。正是看中了中国的市场，2015 年百胜集团将中国业务独立上市，中国业务公司"百胜中国"成为百胜集团总部在中国的连锁加盟店。百胜集团明确提出未来的发展策略是持续提高新兴市场的渗透率，同时稳定和扩大成熟市场的市场份额。2017 年，百胜中国新开设了 691 家餐厅，平均每 13 个小时开设一家新餐厅，餐厅总数达到了 7983 家，进驻城市超过了 1200 个。除此之外，百胜集团还大力投资印度市场。

由此可见，在全球化经济下，开拓国际业务已经成为众多跨国公司销售收入增长越来越重要的驱动因素。如果你的产品本来就已经是独一无二的了，那么全球化带来的海外市场销售收入爆炸性增长又将给企业增添发展的新动力。

6.3.5　新产品驱动

无论是哪一种销售收入的驱动因素，最终打动消费者的都是企业的产品。如果企业能够开发出足够具有差异化的新产品，那么企业就很容易做到量价齐升，而在这方面做得最出色的公司则是苹果公司。

作为消费者我们不难发现，苹果公司每年仅生产和制造一款手机 iPhone，而同类手机制造商每年至少出品几十款甚至上百款手机，但最畅销的手机还是苹果的 iPhone。苹果公司在过往数年中，仅用了一款手机就打败了全球所有知名手机厂商的产品，足见差异化新产品的重要性。

苹果公司于 2007 年推出的第一款平板触摸式智能手机 iPhone 彻底改变了全球手机市场。iPhone 是集电话、照相机、上网工具以及音乐、电视播放器于一身的多功能、多媒体手机。自从 iPhone 上市以来，它改变了全球手机市场的格局，甚至曾经是手机市场第一名、第二名的诺基亚和摩托罗拉也因为苹果手机的出现，落到了被人收购的地步。不过，最重要的不是打败竞争对手，而是苹果公司的创新产品 iPhone、iPad 以及之后推出的智能手表的创新产品 iWatch 给苹果公司带来的巨大收入和利润的增长，让苹果公司在最近数年内，市值一度达到全球第一。

企业的经理人更应该像苹果公司一样，努力发掘内部潜力，开发创新产品，实现内生性增长，进而让企业的竞争优势实质性扩大，推动企业快速发展。

6.3.6 发展能力总结

如何发展总是企业最优先考虑的问题，而解决发展问题的关键是如何推动销售收入的增长，那么对企业的经理人来说，如何推动销售收入的增长则是推动企业快速发展的关键中的关键。因此，作为企业的管理者需要做的就是把握企业销售收入增长的五大驱动因素。

第一，产品定价能力。

第二，提升销售量的能力。

第三，地域扩张。

第四，全球化。

第五，产品创新的能力。

对于这五大驱动因素，我们思考、分析和研判的优先顺序是从**定价**、**销售量**、**扩张**、**全球化**到**产品创新**。所谓企业的发展管理，在我看来，就是通过对每个销售收入的驱动因素进行分析，找出提升销售收入的发力点，解决阻碍销售收入增长的问题和路障，从而帮助企业实现快速发展。

此外，在分析销售收入的驱动因素的过程中，我们还需要结合自身产品的生命周期进行分析。根据产品生命周期理论，我们可以简单了解到，一个产品从出生、成长到消亡，一般可以划分为四个阶段：导入期、成长期、成熟期和衰退期。如图 6-8 的产品生命周期曲线所示，纵轴是指产品销售收入的增长情况，而横轴则是时间轴。我们从中可以看到，这条产品生命周期曲线是一条类似于抛物线的曲线，前期（成长期）快速（直线）上升，中期（成熟期）平稳向上，晚期（衰退期）则下行。我们也可以用销售收入的增长率来衡量企业的产品生命周期，从而判断企业发展所处的阶段，并采取相应的措施。

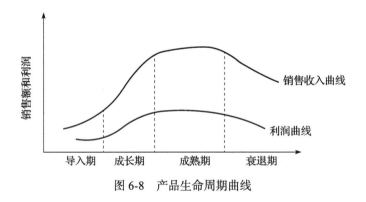

图 6-8　产品生命周期曲线

如果企业营业收入的增长率超过 20% 甚至更高，则说明企业产品处于快速发展期，将继续保持较好的增长势头，尚未面临产品更新的风险，属于发展型企业。比如，旅游网站"去哪儿网"，2017 年连续三个季度酒店业务增长显著，三四线城市表现尤为抢眼，酒店收入连续三个季度保持超过 80% 的增速，属于快速成长和发展的企业。它进一步夯实了在三四线城市中的优势，已成为三四线城市年轻人旅行的首选。在成长期，企业关注的重点是如何保持持续快速的扩张，取得更大的市场份额。

如果营业收入增长率低于20%，则说明企业产品已进入稳定期，不久将进入衰退期，需要为开发新产品做好准备。成熟期的企业需要注重以下两个方面的管理。

第一，尽可能保持现有的市场份额，同时将成熟期延长，从而尽最大可能地赚取最多的持续稳定的利润。延长成熟期的目的是摊薄成本，从而提高利润。

第二，主动调整战略规划，积极开发新市场和新产品，从而突破销售收入的增长瓶颈。

如果营业收入增长率低于5%，甚至出现负增长，那么说明企业产品已进入衰退期，保持市场份额已经很困难，营业利润开始滑坡，如果没有已开发好的新产品，企业将步入衰落。在这一阶段，千万不可以坐以待毙，企业有以下两个积极的选择。

第一，选择恰当的时机将企业出售。在销售收入仍然增长，市场份额相对较高且企业仍有丰厚的盈利时，将企业出售，这样可以得到相对较高的估值和回报；一旦企业出现业绩大幅下滑并出现亏损时，估值就会很低。

第二，转型。我们看到很多国际级企业的成功转型，其中最典型的也是转型最成功的企业就是IBM。众所周知，IBM之前是全球最大的个人电脑和服务器的生产制造商。但现在，IBM虽仍然生产并出售大型主机，但这块业务所占的比例已经越来越小。2004年，IBM将PC业务出售给联想集团，实现了PC业务的剥离；2014年，IBM甚至将自己的小型服务器业务也出售给了联想集团，确切地说，IBM现在是一家"服务型企业"。

事实上，20世纪80年代末90年代初，IBM逐渐被小型竞争对手在"PC 革命"中追上并赶超后,IBM 便已经开始了向"服务型企业"的演变历程。图 6-9 便是一张 IBM 2000 年和 2011 年运营利润对比分析图,其中深灰色部分代表"硬件业务收益",中度灰色部分代表"IT 服务收益",淡灰色部分则代表了"软件业务收益"。从图 6-9 中,我们可以看到软件业务在过去的 10 年中已经成为 IBM 整体利润中的重要组成部分。

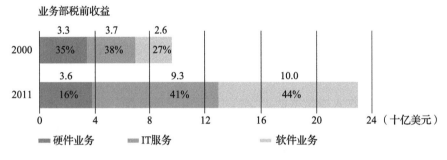

图 6-9　IBM 2000 年和 2011 年的运营利润对比分析图

应该说,IBM 在过去的 10 多年中得以复苏的最大原因就是其遍布全球的 IT 服务,尤其是针对大型企业和政府客户所提供的 IT 服务。软件业务营收预计会在未来几年内提高 50%,而且软件业务营收在公司整体盈利中的比例也会在未来 10 年中不断提高。

6.4　案例:啤酒公司跨界"吃药"

2011 年 12 月 8 日,上市公司重庆啤酒披露了"二期乙肝疫苗核心数据"的公告。可是该公告一经披露,重庆啤酒的股票当天即告跌停。截至 2011 年 12 月 20 日的连续 9 个交易日,重庆啤酒持续跌停,和当初每股 83 元的高价相比,暴跌 62%。在短短 9 个交易日里,重庆啤酒的市值也从之前的 392 亿元大幅缩水至 152 亿元,240 亿元的市值灰飞烟灭（见图 6-10）。一家以啤酒为主业的公司，披露了一个关于"乙肝疫苗"的公告，接连 9 个交易日跌停，这些看似毫不相关的事情为什么会发生在重庆啤酒身上？到底发生了什么故事？

图 6-10　重庆啤酒披露了"二期乙肝疫苗核心数据"公告后的股价走向

6.4.1　中国啤酒市场

中国啤酒行业的发展按照人均消费量的变化，可以大致划分为三个阶段：起步期、发展期和成熟期。起步期在 1979 年以前，人均消费量不到 1 升。此后直到 2007 年，我国啤酒行业一直处于快速发展期，年复合增长率超过 15%。2003 年，我国啤酒销量已一跃超过美国，成为全球最大的啤酒消费国，达到 2500 多万吨。从 2003 年到 2007 年前后，啤酒品牌纷纷加速圈地，群雄逐鹿，全国性的品牌就有青岛、燕京、雪花、珠江、金星、哈尔滨等，地方性的品牌更是多过千家。此外，洋品牌也加入了争夺战，百威、虎牌、喜力、嘉士伯等均抢占高端市场，并且对中低端市场虎视眈眈。2007 年，我国啤酒的人均消费突破全球平均水平，复合增速基本维持在 5%～10%，整个啤酒市场开始进入成熟期（见图 6-11）。

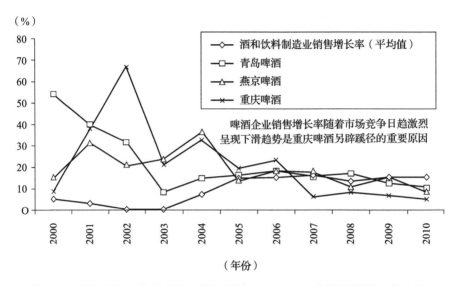

图 6-11　青岛啤酒、燕京啤酒、重庆啤酒 2000～2010 年的销售增长率比较

这时，中小型啤酒企业为了自身的发展，纷纷投入大企业的怀抱，而大企业也开始接受外资的参股，许多耳熟能详的地方啤酒品牌悄悄地退出了历史舞台。我国的啤酒行业经过整合并购后，总体呈现为三个梯队（见图 6-12）：全国性大企业——青岛、华润雪花、燕京、百威英博等；区域性大企业——重庆啤酒、珠江啤酒、金威啤酒、金星啤酒等；地方性中小厂商——20 万吨以下的地方性啤酒企业。从国外发展经验来看，啤酒行业由于净利低，因此需要靠规模取胜，相对于欧美市场，三四家大企业控制了八成以上的市场份额，国内市场的集中度相对较低，前三大品牌的市场占有率约五成左右，因此大型啤酒厂商往往通过收购兼并提升市场占有率。

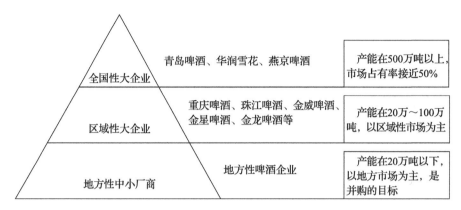

图 6-12　啤酒行业整合并购后的三个梯队

由于大众消费阶层具有庞大的市场潜力，因此过去国内的啤酒企业大多定位于低端市场。中高端市场主要由进入中国的国际厂商把持，代表品牌有百威、喜力、嘉士伯和朝日等，售价普遍在每瓶 10 元以上；中档啤酒的售价则集中在 5 元～10 元，代表品牌有青岛、燕京、雪花、哈尔滨等；售价在 5 元以下的低档啤酒则主要以各品牌的清淡型啤酒为主。

国内厂商与海外厂商在各自擅长的领域中展开差异化竞争。不过由于中高端市场潜力有限，而西方的啤酒市场已经饱和，所以面向中低收入群体的低端市场日渐成为海内外厂商发力的目标，外资品牌也通过兼并收购来攻城略地，在低端市场上分一杯羹。由于啤酒行业是一个资本密集型的行业，以规模取胜，因此对于啤酒企业发展能力的分析，主要可以从市场份额、销售额增长、毛利率水平等角度进行。

6.4.2　重庆啤酒的发展与扩张

"山城啤酒，知心朋友"。提起这句广告词，多数重庆人都不会感到陌生。山城啤酒诞生于 1958 年，半个多世纪以来该啤酒逐渐成为重庆家喻户晓的名牌产品，2元～3元的低价也使其迅速占领了大众消费市场。2006年，该品牌啤酒在重庆地区的市场占有率超过90%，品牌价值超过60亿元人民币。该品牌啤酒还获得了"中国啤酒行业十大品牌"和"中国啤酒行业十大畅销品牌"的荣誉。生产山城啤酒的重庆啤酒集团是西南地区啤酒行业的霸主，除了山城啤酒外，重庆啤酒、麦克王和重庆纯生也是重庆啤酒旗下的畅销品牌，后两者主要面向中高端市场的细分领域。

1997年10月30日，重庆啤酒在A股主板挂牌，每股定价5.54元，向社会公众发行4000万股，占股本总额的25.48%，其中向本公司职工配售400万股，占股本总额的2.55%，同时重庆啤酒也成为西南地区啤酒行业中最早的上市公司。"北有燕京、南有珠江、东有青岛、西有重啤"，此时的中国啤酒市场，形成了燕京啤酒、珠江啤酒、青岛啤酒和重庆啤酒四分天下的格局。

重庆啤酒从2000年开始就以安徽省为突破口，将华东地区开辟为继西南地区后的第二战场，并通过兼并收购获得了一系列地方企业，并在2004年与苏格兰纽卡斯尔啤酒酿造公司成功结为战略合作伙伴关系。但相对于其他三大巨头，重庆啤酒的扩张显得有些举步维艰。啤酒作为产量高、单价低的大众消费品，是典型的规模经济行业，因此市场总体呈现寡头垄断格局，即三四家企业占据了市场上80%以上的份额。到了2012年年末，全国年产20万千升的啤酒企业就剩下区区9家，超过70%的企业处于亏损或盈亏平衡水平，三大巨头华润雪花、青岛啤酒和燕京啤酒的总产量占全国的49%，总利润占88%。即使经过多年的扩张，并引入外资，重庆啤酒还是很难成为全国性的企业集团，其市场依旧以西南地区为主（见图6-13）。

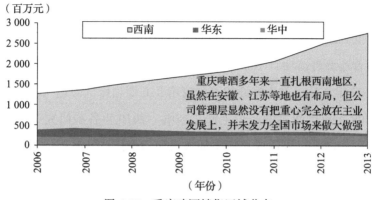

图 6-13　重庆啤酒销售区域分布

6.4.3　决策失误，股价雪崩

为了分散业务过于单一集中的风险，寻求新的利润来源，重庆啤酒像不少制造业企业一样，打起了"跨界经营"的算盘，将触角伸向其他行业。1998 年 8 月，重啤集团与重庆大学、第三军医大学联手成立了佳辰生物工程有限公司（简称佳辰生物），注册资本 8700 万元，主要从事生物制品的研发和生产。公司成立 2 个月后，重啤集团把佳辰生物 70% 的股份转让给了子公司重庆啤酒及控股企业华阳科技，重庆啤酒拥有 52% 的佳辰生物的股权。通过收购佳辰生物，重庆啤酒直接进入了生物制药产业。佳辰生物所研发的国家一类生物制药——乙型病毒肝炎治疗性多肽疫苗被列为国家高新技术产业化重点项目，并获得国家新药研究基金立项资助。

1999 年 4 月，重庆啤酒对佳辰生物进行增资扩股，虽然此时乙肝疫苗离为公司创造利润还遥遥无期，但公司股价因为搭上了高新技术从传统的食品饮料股票中脱颖而出，扶摇直上。当 2002 年上半年佳辰生物与第三军医大学联合开发研制的国家一类新药——治疗用（合成肽）乙型肝炎疫苗被送样到中国药品生物制品检定所进行检定时，股价再次爆发式上涨。此后的几年，尽管重庆啤酒的净利润并无显著改善，但不定时地受到乙肝疫苗进展消息的刺激，股价迅速攀升。

随着乙肝疫苗项目不断地传出各种研发进度信息，受到市场热烈追捧，2009年2月，重庆啤酒的乙肝疫苗Ⅱb期临床试验进入正式试验阶段，2009年重庆啤酒的股价上涨了80%。2010年各项研究进展公告不断发布，券商投行也以成功概率加大为切入点推波助澜，认为乙肝疫苗一旦成功上市后将在10年内带来百亿元的销售收入，结果重庆啤酒在2010年内股价从24元/股一度冲高到80元1股。然而，投资者一度被乙肝疫苗临床试验进展顺利的消息所蒙蔽，忽视了临床试验中真正的核心数据是否达到了成功的标准。

2011年11月23日，重庆啤酒发布公告宣布将于27日正式"揭盲"（揭开试验成败结果），历时13年之久的乙肝疫苗项目就要揭开其神秘的面纱。随后2个交易日，重庆啤酒股票也逆市涨停，最高市值约为402亿元，这显示了投资者对于结果的乐观与信心。此次乙肝疫苗成功与否，将直接决定投资者的去留。因为佳辰生物始终处于亏损状态，如果没有乙肝疫苗的概念帮助，重庆啤酒仅与珠江啤酒和惠泉啤酒的业绩相当，考虑到当时三者的市盈率相仿，珠江啤酒和惠泉啤酒的股价不到重庆啤酒的1/7。

焦急的投资者正在等待着重庆啤酒宣布结果，没想到之后重庆啤酒两度推迟"揭盲"时间。直到12月7日姗姗来迟的揭盲结果彻底掐灭了投资者的期盼：安慰剂组应答率28.2%；治疗用（合成肽）乙型肝炎疫苗600μg组应答率30.0%；治疗用（合成肽）乙型肝炎疫苗900μg组应答率29.1%。这些数据表明乙肝疫苗对于治疗基本无效，相当于"安慰剂"的效果，这场持续了13年的梦终于画上失败的句号，股价雪崩式地从80元/股附近下跌到20元/股附近，这个过程仅仅用了一个半月。而当时看好乙肝疫苗结果的机构投资者大成基金，因孤注一掷地押宝，损失惨重。

股价的雪崩给了外资乘虚而入的最好时机。2013年3月，嘉士伯对重庆啤酒发起了要约收购，计划出资29亿元收购30.29%的股份，收购价格为20元/股。同年9月27日，重庆啤酒发布公告宣布终止乙肝疫苗研究。完成收购后，嘉士伯获得了正面挑战青岛、华润雪花、燕京和百威英博的机会，至于重庆啤酒能否借助国际巨头的帮助在主营业务上浴火重生，只能交给时间去验证了。资本市场上像这种"疫苗的故事"不是第一个，也不会是最后一个，投资者只能擦亮眼睛才能不被蒙蔽。

6.4.4 小结

重庆啤酒的失败有偶然因素，也有其必然因素。

作为一个成熟行业的一家成熟企业，重庆啤酒偏安于中国西南的重庆，作为一家区域性公司，占据了重庆啤酒市场接近90%的份额，2007～2012年重庆啤酒的复合增长率不超过10%。因此，对于公司管理层来说，企业持续发展的压力非常大。那么如何找到发展的契机，成了重庆啤酒的重中之重。

首先，我们分析重庆啤酒的提价能力。作为一家啤酒公司，和白酒公司最大的区别就是定价能力。大家有没有看到过一瓶啤酒卖100元的，我相信没有，但白酒却是比比皆是。同时啤酒市场的竞争极其激烈，重庆啤酒的定价能力相对较弱，提价必然将削弱竞争优势。因此，重庆啤酒提价的空间非常小。

其次，提升销售量。啤酒的销量增长只和一个因素有关，那就是人口的增长。而重庆啤酒作为一家区域性公司，已经占据了重庆啤酒市场90%的份额，通过再次扩大市场份额来提升销售量的可能性并不是很大，因此重庆啤酒销售量的增长只和重庆地区的人口增长有关。所以通过增加销售量来实现重庆啤酒的增长，其空间也非常小。

最后，就要考虑地域扩张。啤酒行业是一个比较特殊的行业，与其较为接近的矿泉水行业相比，啤酒行业的毛利低、成本高。比如，矿泉水用塑料瓶包装即可，而啤酒必须用防爆啤酒瓶包装；矿泉水的仓储条件很简单，而啤酒则必须用塑料格子储存，且必须存贮在仓库里，堆放也有严格规定。由于包装、仓储和物流的成本高企，啤酒企业具有明显的区域性销售特点，啤酒企业的销售半径只有200千米。这也就是为什么很多啤酒品牌都是区域性品牌，比较典型的就是广州的珠江啤酒和重庆的重庆啤酒。重庆啤酒也尝试进行地域扩张，比如进入安徽市场，但由于国内一线啤酒企业和海外啤酒巨头的全国性扩张，重庆啤酒的地域扩张并不如预期顺利。

面对严峻的市场形势，新产品的创新是重庆啤酒的"必然"选择，而选择医药行业的确是"偶然"。重庆啤酒本身没有任何医药背景，也没有医药行业的储备人才，投资医药产品的确属于冒险行为，因此最终"必然"失败。

小贴士

重庆啤酒

重庆啤酒股份有限公司以重啤集团为独家发起人，通过募集方式于1993年12月23日成立。并于1997年经中国证监会批准，在上海证券交易所成功上市。公司下辖19个分、子公司，主要分布于重庆、四川、广西、安徽、湖南、浙江等地。公司主要产品有"重庆""山城"系列啤酒，"山城"商标被认定为"中国驰名商标"。

| 第 7 章 |

控 制 能 力

发展是企业存在的第一要素,但仅注重发展行不行?答案是否定的,企业就像风筝,当有人牵引时,风筝才能飞得更高更远,否则就像断了线的风筝,方向和速度的失控必然导致风筝的急剧坠落。

7.1 乐视网的困局

7.1.1 乐视的繁华与落幕

2019 年 4 月 26 日,乐视网经审计的 2018 年报显示其净资产为负数,根据有关规则,乐视网股票暂停上市。从在质疑声中上市到成为创业板龙头,乐视网用了近 5 年;从资本市场的宠儿,到跌落神坛,遭遇重大财务危机,乐视网只用了一年半。

2016 年 11 月初,乐视网被曝出相关业务拖欠供应商货款开始,一连串的负面消息不胫而走。11 月 15 日,乐视控股称已确认旗下乐视汽车获得 6 亿美元融资,但次日,敏华控股、绿叶制药等予以否认,称并无投资计划。2016 年 11 月 17 日,乐视汽车被美国内华达州财政部长质疑为"庞氏骗局"。2016 年 12 月 6 日,乐视网股价大跌近 8%,并于次日紧急宣布停牌,随后又被曝出大规模员工离职。2017 年,乐视巨亏 116 亿元,复盘后 14 个跌停,股价从 15.33 元跌至 4.42 元,市值跌去 3/4。2019 年,在上市后第 9 个年头,乐视网终于走到了它在 A 股市场的尽头,又一个"造富神话"破灭了。

7.1.2 乐视的扩张之路

乐视网成立于 2004 年,以网络视频服务业务为主。乐视网通过产业链的垂直整合打造"平台+内容+终端+应用"的乐视生态战略,它旗下涵盖 7 大子生态业务,分别为手机生态、体育生态、内容生态、大屏生态、互联网金融生态、互联网及云生态、汽车生态。

图 7-1 乐视生态

乐视的生态布局主要分为两大板块：一个是上市业务板块（乐视网）；另一个是非上市业务板块（乐视控股）。

乐视网控股主导的业务板块包括乐视云计算、乐视电商、广告平台、大数据平台、花儿影视等，该部分业务由乐视网进行全资或控制主导，所产生的收益相应地计入上市公司。

乐视控股主要布局非上市公司业务板块，基于对整个互联网行业的深入理解，更好地布局乐视生态相关上下游产业链的业务，包括乐视影业、网酒网、产业投资、超级汽车、超级手机等。这些业务对于资金以及资源的投入要求极高。

2010年，乐视网上市后，乐视开始了大规模的战略扩张，布局乐视生态模式。

2012年，乐视致新成立，负责乐视TV的相关业务。

2013年，乐视网发布定增计划，收购花儿影视99.5%股权及乐视影业100%股权。

2014年，乐视体育公司、乐视移动智能公司成立，后者负责乐视手机研发生产等。

2015年，乐视宣布SEE计划，并成立乐视智能汽车公司，通过自主研发，打造互联网智能电动汽车，建立车联网生态系统。

除了乐视生态系统内的大规模扩张动作之外，乐视也进行其他大规模的投资活动。

2015年9月，乐视宣布投资北京电庄科技公司，共同拓展充电桩业务。

2015年10月，乐视以9亿美元投资易到。

2016年，乐视分两次共计30.8亿元入股酷派。

2016 年 5 月，乐视通过乐视致新在香港设立的全资子公司，投资了 22.68 亿元港元（约 18.71 亿元人民币），收购了 TCL 多媒体约 20% 的股权。

乐视做视频网站起家，视频业务在 A 股上市后，乐视战略不断多元化，先后开展了影视制作、电视、云服务、体育、音乐、手机、专车、汽车、金融等一系列新业务，甚至进入房地产、充电桩、智能社区服务等看似无关的领域。在这些业务中，只有乐视网视频业务可以带来稳定的现金流，其他的都需要大量的资金投入，电动汽车更是一个巨大的资金黑洞，盈利遥遥无期，乐视的资金链紧张可想而知。

7.1.3　理想的丰满，资源的骨感

公开报道显示，自 2010 年 8 月上市至 2017 年 7 月近 7 年，乐视网累计融资超过 300 亿元，这个融资水平在同行上市公司中已显不俗，但其花钱的速度更是令人瞠目结舌。乐视网 2016 年年报显示，其终端成本是 139.58 亿元，而终端业务收入 101.17 亿元，亏损 38.41 亿元。乐视超级汽车更为烧钱。2016 年 11 月，贾跃亭曾表示，其个人在乐视汽车业务板块已投入 100 多亿元，不过这离造车所需的资金缺口还很大，他预测乐视造车至少还需要 400 亿～ 500 亿元的投资。

一家企业发展到一定程度后，在外部市场竞争压力和自身成长需要的双重作用下，通过战略扩张增强企业的竞争力，是企业持续健康成长的必然方向。然而乐视在其他业务还没有形成清晰的盈利模式时，便迫不及待地开展其他业务，尤其是最烧钱的乐视超级汽车。乐视没有技术、没有生产制造基础等条件，却要突破该行业的创新制高点，这加速了乐视蓝图的破灭。乐视的结局给企业的警醒是，企业不仅要具备高速发展的能力，同时也要具备良好的控制能力。

7.2 成本控制能力

企业的控制能力表现在两个方面：一是与产品相关的成本控制能力，二是与企业执行力相关的预算控制能力（计划的执行力）。接下来我们逐一分析。

成本是指企业取得资产或劳务的支出，应当与销售商品或提供劳务而取得的收入进行配比。

公司是否能有效降低成本是巴菲特投资的标准之一。收入和成本的配比，决定了企业经营得顺利还是艰难，企业是前途无量还是面临生死存亡。企业的收入高，盈利的保障力度就更大，但是如果企业的成本高于竞争对手，那么利润就会很薄，未来可以为企业发展投入的资金就更少。当行业趋于成熟时，企业间的竞争会愈加激烈，价格战会迫使所有的企业对产品进行降价，最终导致行业的平均盈利趋近于零，此时，只有成本控制得好的企业才能生存和盈利，成本高的企业必将被淘汰。

7.2.1 一瓶矿泉水的成本控制

接下来，我们以矿泉水这种最常见的产品为例来分析成本对产品产生的影响。大家对矿泉水都很熟悉，请猜一猜瓶装矿泉水，在从原材料到我们手中这一过程中，哪一部分的成本是最大的？如果你说是水，那就大错特错了；如果你说是瓶子材料，也不准确。

图 7-2 列示了一瓶矿泉水的成本构成。一瓶售价为 1 元的矿泉水，水的成本不到 1 分钱，甚至于不要钱，所以说矿泉水的电视广告的确没有骗人——"我们是大自然的搬运工"，水的确不要钱。一瓶矿泉水最大的成本在于其在零售店的费用，高达 33.3%；其次是经销商（批发商）

的经销费用，占 26.7%；然后是广告宣传和营运费用，占 14.7%；作为矿泉水的主要组成部分——瓶子、盖子、包装其费用合计约为 11.3%；最主要的水则一钱不值。

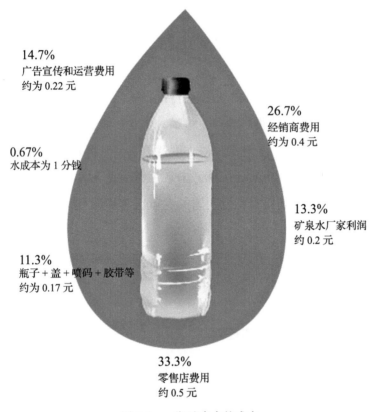

图 7-2　一瓶矿泉水的成本

注：由于四舍五入加总不等于 100%。

很显然，一瓶矿泉水的主要成本是销售渠道费用。经销商的经销费用占 26.7%，零售店的费用则占 33.3%，这也就解释了为什么同样一瓶矿泉水，便利店卖得更贵，而大超市成箱售卖得更便宜。

除此之外，营运和广告费仅次于渠道费用，这主要是因为大品牌的矿泉水经常做电视广告。接下来是瓶子和包装的成本。其实，与其说你喝的是矿泉水，不如说你喝的是经销商和零售商的渠道服务加上电视广告费和瓶子包装费。

零售商和经销商的费用属于销售费用，广告费用也属于销售费用，营运费用属于管理费用，所以，一瓶矿泉水的最大成本来自营运和销售这瓶矿泉水的所有费用，而其生产成本则非常低，约占总成本的 12%。

这时，如果企业的管理者要削减成本，应该从哪些方面入手呢？自然是从成本比例最高的部分着手，它们对利润的影响最大，降低成本的空间也大。我们在这里打算用排除法开始逐步分析。

首先水的成本很低，几乎没有降低空间，而瓶子是削减生产成本的重要抓手。我们选取了市场上一家极其成功的矿泉水公司——康师傅矿泉水作为研究对象。如果你仔细比较市面上不同品牌的矿泉水就会发现，康师傅矿泉水的瓶子几乎是市场上最薄的矿泉水瓶子，如果开瓶时握瓶的手用力大一点，在瓶子打开后，水就会溅一手，原因就是瓶子超薄。其次，康师傅矿泉水的瓶盖也是所有瓶盖中最轻、最薄的。

另外一个数据，是我从家附近的近 10 家废品回收站获得的，废品回收站回收普通矿泉水瓶子，价格是 1 角钱，而回收康师傅矿泉水瓶的价格最低为 5 分钱，最高为 8 分钱。出于好奇，我咨询了这些废品回收站的工作人员，他们告诉我康师傅矿泉水瓶子回收价格低的最主要原因是瓶子薄，薄的背后就是成本低。根据网络信息，康师傅矿泉水的瓶盖也比普通矿泉水瓶盖便宜 1 分钱左右，即成本节约了 1%，同时水瓶比其他矿泉水水瓶低 2 分钱。那么，康师傅矿泉水的生产成本就会比其他矿泉水低 3 分钱，换个角度，同样的价格，利润就提高了 3%。

从营运和渠道商的管理来看，康师傅是唯一没有做广告的公司，它降低了广告成本，从而在价格上获得了竞争优势。此外，康师傅的方便面销售渠道，有助于其销售康师傅矿泉水。这些渠道的重复开发利用大大降低了康师傅矿泉水销售渠道的建设费用，因此，康师傅矿泉水既节约了广告费，又节约了销售渠道的费用。

综上，生产成本、销售成本上的节约，让康师傅有了较大的降低价格的空间，因此康师傅矿泉水是市场上价格最低的矿泉水之一，平均售价低于同业 10% 以上。正是由于严格的成本控制和有效运营，使康师傅矿泉水成为市场上排名第二位的矿泉水公司。

7.2.2　丰田公司的准时制生产

丰田公司创立了别具一格的准时制生产（JIT）方式，这是其核心竞争力与高效率的来源，帮助其在 20 世纪后期迅速崛起，跃居汽车行业的领军地位（2018 年汽车行业收入排名如图 7-3 所示）。

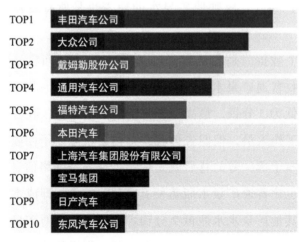

图 7-3　2018 年汽车行业收入排名

丰田公司极力推行准时制生产方式，这种生产方式的核心就是：只在需要的时候按需要的量生产所需的产品，消除一切无效的劳动和浪费，在市场竞争中永无止境地追求尽善尽美。丰田公司运用这种方式节约了相关人员费用、仓储保管费用，降低了生产成本，提高了企业的盈利水平。

丰田公司从采用准时制生产方式中受益良多。首先它提高了库存的周转次数，尽量避免等待装配的时间浪费。据丰田公司统计，公司某部件全年需要量为 9000 件，自从利用准时制生产方式使得库存周转率提高到原来的 3 倍，最高库存量减少为 3000 件，并且这 3000 件又能够快速地投入使用。另外，库存量的减少，也降低了库存占用的流动资金和仓库空间，这样做有效避免了货物因贬值带来的额外风险。

丰田公司的准时制生产方式有效制止了过量生产，从而把生产系统中的零部件在产品储备量降到几乎为零的程度。这迫使生产系统中的每一道加工工序的作业人员必须生产出 100% 合格的零部件，否则一旦出现不合格产品就会破坏正常的准时制生产。准时制生产的一个重要技术支撑是以确保零部件和制品的质量为目标的全面质量管理它把质量作为生存之本。为了减少生产系统中的零部件在产品储备量，还要对生产现场进行改善，使得前后工序的衔接更加紧密。

这种以减少库存、发现问题、改善现场、提高质量、降低成本为周期不断循环的方式是丰田公司的内在机制，是控制成本的有效手段。这样才能提高企业的经济效益，增强企业的实力，使企业在竞争中立于不败之地。

7.2.3 春秋航空：廉价机票的背后

春秋航空是中国第一家民航公司，也是众所周知的低价航空公司，它从旅行社起家，到如今发展成国内航空公司中的佼佼者，成本控制在其中起到了相当重要的作用。

春秋航空的低成本模式概括起来就是六个字：两高、两低和两单。

两高指的是**高客座率**和**高飞机日利用率**。一般来说，客座率只有超过 60%，航空公司才能盈利。2017 年，国内航空公司的正常客座率一般在 84% 左右，而春秋航空的平均客座率超过 90%。飞机日利用率是指飞机每天的总飞行时数，它是衡量航空公司运营水平的重要指标。2017 年，国内大多数的航空公司的飞机日利用率为 9 小时左右，春秋航空却可以达到 10～12 小时。这样就使得公司的飞机（固定资产）拥有较高的周转率，可以最大程度地摊薄单位固定成本。

两低指的是**低营销费用**和**低管理费用**。春秋航空建立了自己的售票、离港系统，一年就省下上亿元的开销；乘客通过网络订购电子票，公司则省去了开票、送票的人工费用，也使得其销售成本比一般航空公司要低。春秋航空还对管理制度进行了改革，旨在缩减管理费用。比如燃油价格不可控，春秋航空制订节油奖励制度，与飞行员绩效挂钩，结果一年就能节省燃油费用几千万元；飞机的租赁费用是不可控的，但是通过提高飞机日利用率，相当于降低了租赁费用；飞机的维护成本高昂，春秋航空通过在维护中进行技术创新降低了维护成本。

两单指的是**单一机型**和**单一仓位模式**。春秋航空坚持 A320 机型和 180 座的布局，最大化了飞机的可供座位数，降低了飞机日常的采购及维修成本，整体运营成本下降了两成。

与行业平均水平相比，春秋航空的主营业务成本、管理成本、财务成本、营销成本都低，可谓是将低成本做到了极致。这也保证了春秋航空的低价战略，帮助其在市场中获得了竞争的实力。

7.3 案例：沃尔玛，成本控制的"丐帮"高手

7.3.1 低价才是王道

按照"不断降低成本"这一选股标准，巴菲特发现了一家超级公司，同样也是一只超级大牛股——沃尔玛。沃尔玛于1962年在美国阿肯色州成立，经过多年发展，已经成为美国最大的私人雇主和世界上最大的连锁零售商，2013财年度的销售额达到4763亿美元（见图7-4），再次荣登《财富》世界500强榜首。沃尔玛的核心经营原则，只有两个字——低价，沃尔玛曾经在中国的口号就是"天天平价，始终如一"，并努力实现价格比其他超市更低的承诺。成本控制就是沃尔玛成功的最大秘诀。

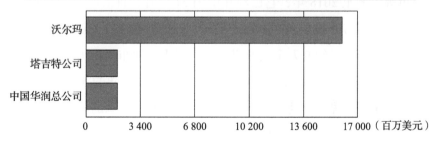

该行业排名	沃尔玛所属行业：综合商业（General Merchandisers）		
	公司名称	500强排名	收入（百万美元）
1	沃尔玛 （WAL-MART STORES）	1	476 294.0
2	塔吉特公司 （TARGET）	116	72 596.0
3	中国华润总公司 （CHINA RESOURCES NATIONAL）	143	65 959.9

图7-4　2013年全球综合商业的收入排名及利润排名

正是通过不断地降低成本，沃尔玛才能不断地降低销售价格，吸引更

多的客户来购买其商品，销售收入不断增加，利润以更大幅度增长，从而推动它的股价快速增长，1972 年 8 月沃尔玛上市时股价为 0.05 美元 / 股，到 2014 年 6 月底股价为 75 美元 / 股，42 年累计上涨了 1100 倍，但如果按照 1974 年 12 月沃尔玛最低复权价格 0.014 美元 / 股，到 2013 年 12 月底的最高价 79.83 美元 / 股来计算，这 40 年，沃尔玛最大的涨幅超过 5000 倍。

我们已经记不清过去 10 年的世界 500 强企业的王冠上刻过多少次沃尔玛的名字，但从 1950 年山姆·沃尔顿在美国阿肯色州创立第一家特价商店以来，到成为目前在 15 个国家拥有超过 8500 家门店的零售业巨擘，拥有全世界最多雇员的沃尔玛其本身就可以代表美国公司文化的历史。在从一家小店铺发展成为跨国行业巨头的过程中，沃尔顿家族的一代又一代企业家通过不断地并购实现了跳跃式发展，沃尔玛的管理智慧也一直是全世界工商管理课程中津津乐道的话题。

这里我们不再探讨沃尔玛过往的辉煌，我们尝试分析沃尔玛在中国如何运用成本战略巧妙地撬动中国市场。沃尔玛于 1996 年进入中国，在深圳开设了第一家沃尔玛购物广场和山姆会员商店。目前，沃尔玛在中国经营多种业态和品牌，包括购物广场、山姆会员商店、中型超市等，截至 2018 年，它已经在中国 21 个省、自治区，4 个直辖市的约 180 个城市开设了 400 多家商场、7 家配送中心和 9 家鲜食配送中心，在中国创造了约 9 万个就业机会。为了更好地布局中国，在中国这个最大的零售市场上复制美国的成功模式，从 2007 年起沃尔玛在中国接连发起了让业界侧目的收购行动，先后收购中国台湾的超市品牌"好又多"和互联网超市"1 号店"，2014 年以来的关店风波更是把沃尔玛推上了风口浪尖，但这一切的背后，恰恰是沃尔顿家族几十年的"低成本"经营智慧在中国的实践。

7.3.2 并购的智慧:沃尔玛的中国成本战略

2007年2月27日,在获得商务部批复后,沃尔玛正式宣布收购Bounteous Company Ltd.(简称BCL)公司35%的股权。据悉,好又多超市正是BCL公司的全资子公司。这一消息的确认,使此前传得沸沸扬扬的好又多收购案终于尘埃落定……沃尔玛整体收购好又多的资金事实上合计为9.6亿美元。首先,沃尔玛以2.64亿美元收购BCL公司35%的股权,之后又支付了3.76亿美元拥有另外30%股份的投票权。根据收购协议,2010年2月底前,在满足一定条件后,沃尔玛将进一步支付3.2亿美元,收购余下股份。

——《南方都市报》

2012年2月20日,沃尔玛(纽交所代码:WMT)宣布已达成协议,增加对发展迅速的中国电子商务网站1号店控股公司的投资,使沃尔玛持有的股份增至近51%。这标志着只用了短短一年,沃尔玛就完成了对中国第一家线上虚拟超市的控股。

——《21世纪经济报道》

2013年10月起,沃尔玛开始在中国市场启动门店调整计划:在未来18个月里,计划在中国市场关闭15～30家门店。2014年3月,沃尔玛关停了全国6家店,关停的店分别在湖南、江苏、重庆、安徽、上海等省市……2013年沃尔玛全球对中国和巴西市场提出缩水计划,要求关闭两大市场约50家业绩欠佳店,中国市场预计关闭25家店。而沃尔玛数年前疯狂扩张时所选的一些地理位置不佳、营业额低的门店因此成为关店的重灾区……

——中国经济网

如果把这三则看似普普通通的财经新闻连在一起,我们可发现新闻中的举措对沃尔玛的中国战略来说，无疑是至关重要的，尤其是"低成本"战略的成功实施。第一则新闻（2007年），沃尔玛兼并好有多，用兼并的方式实现了快速的门店铺设和地域扩张，实现了资金成本和时间成本之间的转换，以资金换取时间，实现快速扩张。第二则新闻（2012年），沃尔玛再次出手，收购并控股1号店，实现了线上和线下的业务整合，通过线上和线下的资源优势互补，发挥了各自的优势，这不仅打破了空间和地域限制，拓宽了客户来源，同时也降低了营运成本。第三则新闻（2013年），沃尔玛开始大规模地进行门店调整，关闭业绩欠佳门店，从而进一步提高效率，降低成本。这一套"组合拳"，每一步对于沃尔玛的中国战略来说都是紧密配合、密不可分的。第一步、第二步是扩张，通过收购换取时间和空间，同时提升营运效率，降低营运成本；第三步则是收缩，通过关闭门店，缩减成本，从而步步为营为沃尔玛在中国未来快速发展打下坚实的基础（见图7-5）。下面我们尝试将这三步逐一进行深入分析，将沃尔玛的中国成本战略重新展示给大家，期望你从中得到启发和借鉴。

图 7-5　沃尔玛收购"好又多"和"1号店"

7.3.3　争时间：布局全国（时间成本）

作为沃尔玛在大陆最主要的竞争对手，同为全球零售巨头的家乐福先进入中国台湾市场，然后以上海为基地进军中国大陆。沃尔玛则先进入中国香港，然后选择将深圳作为桥头堡进入中国内地。沃尔玛之所以选择深圳，是因为其在深圳的扩张得到了深国投在线下选址和开店的帮助,加上深国投的门店拥有的土地资源,沃尔玛放弃了以北上广为中心拓展内地市场的计划,这也为沃尔玛之后的发展埋下了祸根。

在2006年之前,沃尔玛一直未能进入北京和上海,在广州也没有开设任何一家店。相比之下,到2006年上半年,家乐福在中国内地共有店铺79个,上半年的销售额为119亿元,在所有零售企业中排第5位,远远超过沃尔玛。此时,在广州的店铺数量位居所有零售企业首位的好又多进入了沃尔玛的视野。虽然沃尔玛与好又多之间存在巨大的企业文化差异,但好又多在广州的店铺拥有的巨大的销售规模和出色的盈利能力还是吸引了沃尔玛,沃尔玛决定将收购好又多作为进军广州和华南市场的一条重要途径。

沃尔玛成功的关键之一就是其"天天平价"的特色,按照沃尔玛在美国的运作模式,通常将一个区域性的配送中心作为圆心,以500千米作为半径,密集建立门店,配送中心可支持的门店数量高达120家。此外,沃尔玛的信息技术也是一大优势,除了庞大的信息处理中心将供货商联系到一起外,沃尔玛还拥有一颗商用卫星来支撑全球店铺信息传输及运输车辆定位,以此高效、合理地补充库存,降低成本,实现市场竞争优势。有了强大的物流系统(见图7-6)作为后盾,沃尔玛的毛利率(见图7-7)一直稳定在较高水平。

不过在2007年前,沃尔玛在中国才不过拥有两家配送中心、数十家分店,而且分店布局极为分散,远没有建立起像美国那样高效、完整的物流配送体系。当时,上海南浦大桥店大部分商品统一由深圳配送中心进行采购和配送,按照500千米配送半径圈,深圳到上海的距离已经超过了配送中心能够辐射的合理距离,配送成本居高不下,补充库存时间没有保证,同时也无法精确地把握库存消耗,所以货架上常常出现缺货状况。

图 7-6　沃尔玛的物流系统

图 7-7　沃尔玛的毛利率

此外，在全球市场上，《财富》推出 2006 年度全美最受尊敬公司排行榜，由于在劳工等问题上受到的一系列批评，再加上股票表现欠佳，沃尔玛从第 4 位落到第 12 位。沃尔玛急需在中国这个最大的零售市场上确立自己的地位来改善业绩。2006 年，沃尔玛宣称计划在该年底前在中国新开设 42 家购物广场，将在中国的购物广场总数增加近 1 倍。2007 年，沃尔玛反复声明会开始大规模开店扩张，不过除了单店建设成本高、进度缓慢外，店铺的选址与面临的大量政府公关和文化融合的工作让习惯了美国式文化的沃尔玛感觉难以从容应对。为了降低开店的经济、政策成本，收购一家已在内地广泛布局的成熟零售企业成为沃尔玛低成本快速扩展的首选。

1997年好又多进入广州，陆续在全国各地开设100多家店，成为连锁分店数量最多的台资商业企业，上海是其新总部所在。对于1/3店铺布局在华南，在广州一片空白，又计划在上海、北京大展拳脚的沃尔玛而言，并购好又多不仅可以花较少的时间成本将空白市场填充，而且可以在最短的时间内形成区域优势，并且门店总量将超越家乐福。并购完成后，在中国仅有73家门店的沃尔玛一下子把门店数扩张至174家，规模一旦形成，沃尔玛耗资10多亿元巨资打造的物流配送体系便能真正地物尽所用，从而将美国的成功模式真正复制到中国。

2007年2月27日，沃尔玛宣布购买Bounteous Company Ltd.公司35%的股权，作价2.64亿美元。该公司的唯一业务为全资控股中国境内101家好又多。这101家门店中有31家直营店，为35%股权的范围，剩余70家非直营店则须在好又多方面进行清理、门店整改完成后，再由沃尔玛在未来3年进行增资，直至完全收购，总体收购框架价格为9.6亿美元。

7.3.4　抢空间：拓宽渠道（销售和营运成本）

当淘宝网的销售额一次又一次地刷新市场认知时，当亚马逊开始取代百货商店成为年轻人购物的首选时，当线下的百货商店逐渐成为试衣间时，我们知道电商时代来了。在这股大潮中，即便是沃尔玛这样的零售业航空母舰，也无法避免来自网络购物的冲击。沃尔玛拥有充足的现金、先进的信息服务系统、高效的物流、强大的议价能力、天天平价的策略和管理优势，但电商们说："我们更便宜。"

2008年7月11日，1号店的上线开创了电子商务行业网上超市的先河，覆盖了食品饮料、生鲜、进口食品、美容护理、服饰鞋靴、厨卫清洁用品、母婴用品等类别。自成立以来，1号店持续保持高速增长的势头，2013年实现了115亿元的销售业绩（见图7-8），已成为国内最大的B2C食品电商。1号店借助电子商务的B2C商业模式，在各个城市中均拥有了仓库。

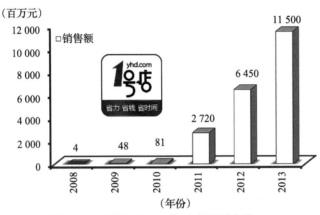

图7-8　1号店2008~2013年的销售收入

事实上，随着线下实体店的租金不断上涨，零售企业向线上发展已不可避免地成为趋势。不过很多人把沃尔玛对1号店的收购看作其中国公司无法在电商渠道取得发展，那就显得片面了。

在中国发展了10多年后，沃尔玛已不再是传统意义上的销售终端，其收入来源于商品差价和品牌入场费，而是一家整合了上下游资源的综合零售企业。2006年，沃尔玛已经有了40多种服装、食品的自有品牌，到了2010年，沃尔玛自有品牌占比已突破20%。自有品牌比外部品牌的价格普遍低5%~20%，有的甚至低30%~50%。可以说，向下游品牌拓展奠定了沃尔玛的价格优势。

此外，2008年沃尔玛设立了蔬菜直采基地，辽宁省瓦房市成立了"沃尔玛绿色水果转换有机水果直接采购基地"，对当地5000亩⊖果园绿色水果进行有机转换，并直接供应有机沃尔玛华北地区的店面。2011

⊖　1亩 = 666.67平方米。

年，上游的100多万个农民直接参与到了"农超对接"项目。就这样，沃尔玛整合了整条供应链的上下游，许多在售商品在促销时的价格都直逼其他零售商的价格底线。

在物流上，普通零售商的销售额中的10%左右要被消耗掉，而沃尔玛凭借其在中国的6000多辆卡车、62个面积相当于24个足球场的配送中心，以及可比拟美国军队的全球最大的信息处理中心，每台货物运输车辆上都有卫星移动计算机系统，可以全面监测货物运输，把物流成本控制在销售额的2%左右，这也给沃尔玛腾出了更多精力去整合产业链的上下游。

因此，收购1号店更可以看作一次前瞻性的战略布局，因为家乐福等主要竞争对手，尚未在中国建立成熟的线上销售平台，只有亚马逊已铺开中国网站。沃尔玛对1号店的收购，将使其成为届时中国规模最大的线上虚拟门店与线下实体门店多渠道营销布局的零售企业。而收购产生的影响主要存在于以下几个方面。

首先，沃尔玛2%左右的物流成本依旧好于传统电商5%的物流成本，这将在线上渠道的拓展上抢占成本优势；其次，由于沃尔玛已控制了部分食品百货的上下游，因此通过线上销售将打击线下竞争对手；再次，通过1号店，沃尔玛除了可以继续巩固食品类商品的竞争优势，还可以把其他品类的商品带到以食品饮料为特色的1号店平台，侵蚀京东和苏宁的市场份额；最后也是最直接的，1号店在上海的仓库为沃尔玛未来在华南与家乐福、大润发进行竞争奠定了良好的配送优势。除了发展电子商务业务外，1号店不断建立的仓库为线下已有的实体店以及未来要开设的实体店提供服务，大幅降低其入仓和出仓的配送成本。另外，沃尔玛的仓库一直是盈利单元（向供应商收取5%左右的仓储管理费用），拥有更多仓库在降低成本的同时也增强了其仓储盈利能力。图7-9

是 2013 年中国 B2C 网络购物交易市场份额。

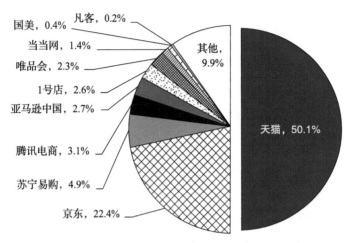

图 7-9　中国 B2C 网络购物交易市场份额（2013 年）
资料来源：中国电子商务研究中心。

此外，一般大型超市的服务半径在 3 千米左右，即使通过我们常见的超市班车进行接送，服务半径也无法超过 5 千米，因此大型超市服务的客户群体受到了地域的严格限制。所以在网上超市兴起之前，大型超市都是以地域扩张为快速发展的主要途径，沃尔玛的发展也采用了一样的路径。与此同时，我们经常看到，在大城市里，一家大型超市在 3 千米范围内一般必然有另外一家相同规模甚至更大规模的大型超市存在并与之竞争，有的区域甚至同时存在 3 家以上大型超市。对于同地域客户资源的争夺，大型超市之间的竞争可谓白热化。而 1 号店则很好地打破了大型超市的地域界限，延展了服务半径，因此收购 1 号店无疑使沃尔玛的服务半径得到了很好的延伸，同时获得了很大一部分不在沃尔玛服务地域范围内的客户。

所以，对 1 号店的收购，沃尔玛除了想最大化业务规模和利润外，更是对布局电商市场下的一盘棋，直指线上线下的融合和引领消费习惯变化的下一代零售业态。

7.3.5　要效益：整合资源（降低直接成本）

2012年，沃尔玛的扩张步伐有所缓解，新开门店为30家，同时有4家门店宣布关闭。继百货商店关店潮后，零售企业也开始了所谓的关店潮。2013年，我国主要的零售企业共关闭35家门店，而到了2014年上半年，这个数字达到了158家，其中超市类门店关闭146家，仅沃尔玛在2014年就关闭了14家店铺。2014年年中，杭州也有2家沃尔玛门店因业绩不佳被关闭。2010～2013年，大润发、沃尔玛、家乐福的销售增长率和门店增长率如图7-10所示。

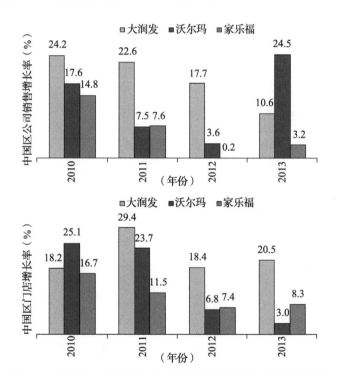

图7-10　大润发、沃尔玛、家乐福的销售增长率和门店增长率

超市业态关店潮产生的主要原因有两个：其一是经营不善而主动关店，包括竞争激烈、整体布局调整和电商崛起的冲击；其二是年年高涨

的店铺租金推高了单店的运营成本，同时人力成本也水涨船高。

经过10多年的粗放型扩张，大卖场式的超市业态已经进入了一个瓶颈期，大卖场百货部门的业绩占比已从15年前的40%～45%下降到30%以下。经过了2011～2012年快速密集开店发展，沃尔玛等零售巨头早已完成了市场布局，但在区位上以一线和二线城市为主，不断上涨的租金和人力成本给单店盈利带来了越来越大的压力（见图7-11和图7-12），因此大卖场的转型是其发展的必经之路。

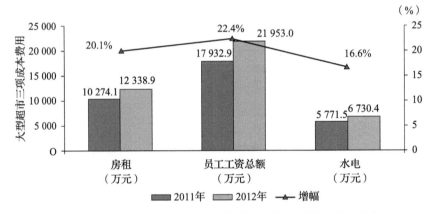

图7-11　大型超市2011～2012年房租、员工工资、水电支出
资料来源：德勤。

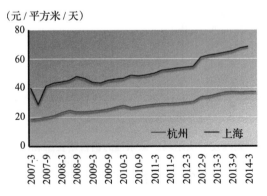

图7-12　杭州和上海2007～2014年优质零售物业首层租金

2013年，沃尔玛开始了"优化商业布局"的转型战略，随即开始对全国范围内的一些业绩不佳的店铺进行调整，这也是对好又多收购后的一次重大的资源重整。2013年，好又多广州前进店正式停业是一个开端。沃尔玛清楚地知道，每个商店都会有自己的生命周期，在目前零售业持续低迷的背景下，对现有的店铺进行资源整合，优化布局才能使企业以更好的结构去应对未来超市业态向线上线下融合转型的需求。

同样值得注意的是，2013年沃尔玛共有26家门店开张，其中有六成以上的店铺选址在三四线城市。事实上，在美国，沃尔玛采用的就是"农村包围城市"的战略，通过培育低等级的市场来获得更多远期利润，而竞争对手家乐福在欧洲一直就是定位于中产阶级的平价超市。因此沃尔玛在中国通过战略调整，拓展三四线城市的市场，探寻三四线城市消费升级潜力的战略目的可见一斑。

2014年8月10日，沃尔玛中国宣布了新的地产团队，以支持山姆会员商店的业务增长。目前，沃尔玛在中国的门店绝大多数都是以租赁店为主，只有少量试点门店为自建店。此次，沃尔玛中国新地产团队的亮相，也预示了山姆会员商店将考虑更多地尝试走买地自建物业的道路。通过进军地产，自持物业，一方面可以减轻高额租金所带来的成本压力，另一方面也有望享受物业长期投资所带来的高收益。山姆会员店的这种经营模式是设想尽可能降低商品毛利，商品售卖利润仅用于支付店面基本运营费用，而会费收入才是真正的利润来源。沃尔玛从2014年开始在中国增开2家山姆会员商店，并在最近的几年间，将山姆会员店的增设速度提升至每年10家。沃尔玛的净销售额构成情况如图7-13所示，2010～2013年山姆会员店的会员费收入如图7-14所示。

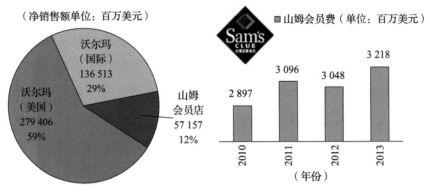

图 7-13　沃尔玛的净销售额构成情况

图 7-14　2010～2013 年山姆会员店的会员费收入

这样一来，沃尔玛在中国未来的战略调整就一目了然了：首先，关闭业绩不佳的门店，优化一二线城市的门店布局；其次，把握三四线城市消费升级的潜力，加快这些区域的布局；最后，通过自建物业，发展山姆会员店减轻租金成本压力，享受物业长期投资的好处。

7.3.6　小结

寻求企业发展和扩张，通常是产生并购行为的基本动因。内部扩张可能是一个缓慢且耗时耗力的过程，并且还充满着不确定性。通过并购寻求发展则会迅速得多，尽管并购本身可能会带来企业融合的挑战。并购的动机大体分为三类：首先，扩大规模，提升市场份额和品牌知名度，降低成本和费用；其次，整合上下游资源，获得原材料、生产技术、管理经验、经营渠道和专业人才等；最后，实施多元化发展，进入新行业，分散投资风险。

沃尔玛接连收购好又多和 1 号店的行为，都是围绕着"低成本"的主题开展的，节省开店成本，迅速布局全国和打通线上渠道，是沃尔玛采取这一系列组合拳的主要目的，同时可将沃尔玛在美国取得成功的高效产业链模式更好地复制到中国市场,将低价策略贯彻到极致。而在并购后通过关闭一二线城市业绩不佳的门店,以及拓展三四线城市的市场,同时发展自持物业和山姆会员店,沃尔玛可以将并购后的协同效应发挥到最大。

成本过高的企业难逃亏损结局,成本可控制的企业才能活得更久,那些能够把成本降到最低水平的企业,才会成为超级大牛股,沃尔玛就是最好的例子。

小贴士

沃尔玛

沃尔玛(Wal-Mart Stores,Inc.)是一家美国的世界性连锁企业,以营业额计算,它是全球最大的公司之一,其控股人为沃尔顿家族,总部位于美国阿肯色州的本顿维尔。沃尔玛主要涉足零售业,是世界上雇员最多的企业之一,曾经在美国《财富》世界500强企业中居首位。沃尔玛分布于全球15个国家,主要有沃尔玛购物广场、山姆会员店、沃尔玛商店、沃尔玛社区店等四种营业态式。

沃尔玛在2018年的《财富》世界500强企业排行榜上蝉联榜首,力压中国的国家电网公司,摘下了世界500强企业榜首的桂冠。沃尔玛每周为26个国家超过1亿位消费者提供服务。

好又多

好又多量贩由拥有台资背景的宏仁集团联合诚达集团的掌舵人于曰江投资创办。于曰江于1997年在广州天河开设第一家店,至2005年,共开设了27家直营店,在之后的2年内,好又多疯狂地提高开店速度,多数采用加盟形式,由于存在股权复杂、店面规模大小不一、经营质量参差不齐等问题,因此门店数量虽然最多,但利润相对较差。

作为台资企业的好又多，由于不受政策限制，在大陆的开店步伐很快，并且布局合理、均匀。投资中国商业零售领域走过了一个从试点、半开放到全开放的历程，沃尔玛正是在此过程中受限于各种政策而未能充分发展。沃尔玛收购好又多，实质上是希望借好又多之身，曲线突破国内的政策限制，进入主要城市。

1号店

1号店是国内首家网上超市，由世界500强戴尔的前高管于刚和刘峻岭联合在上海张江高科园区创立。2008年7月，1号店网站正式上线。成立以来，1号店持续保持高速增长的势头，在被沃尔玛收购前实现了115.4亿元的销售业绩，是国内最大的B2C食品电商。

7.4 预算控制能力

7.4.1 什么是预算控制

经营一家公司好比带领军队参加一场战役。行军打战的第一步是确定目标和**战略**，打仗就要确定未来往哪里打，占领哪座城市以及哪个战略要地。如果你要攻占的城市A在北边，但你却一直指挥军队往南走，那你永远都不可能将城市A攻占。攻占城市A就好比你的战略目标。攻占任务不是一两天可以完成的，可能需要1年、5年甚至10年。一家公司从创立走到世界500强，也非一日之功，可能需要几年甚至几十年，当然我们国家有不少公司在过往的10年间创造了奇迹，从默默无闻的小公司变成了世界500强企业。所以，**方向、目标正确是第一步，也就是所谓的"做正确的事情"。**

第二步就是要确定从哪条路线到达目的地，使用什么样的交通工具，是火车还是轮船？每年的具体目标是什么？每年的具体计划是什么？我们从企业的角度来看第二步，就是计划或者规划，**计划或规划的时间跨度可以是几个月、一年甚至是几年，这都是围绕战略目标所确定的**。

第三步，如果我们把计划细化到年，并且量化，那就是预算。**预算就是把行动计划进行量化，用数字反映，是可以衡量的计划**。在行军打仗中，作为司令官，每时每刻都希望在地图上看到军队挺进的进度以及军力情况。就像公司经营者一样，他们也希望时时刻刻了解公司目前的经营情况，和自己的计划有多大的差异，是比计划经营得好，还是没有达到计划目标。所以，预算管理和监控的意义对于一家公司的经营异乎寻常。

7.4.2　如何进行预算控制

在预算管理的过程中，我们可能会感到困惑，比如在确定预算目标时，以哪些关键指标作为预算目标，是收入规模重要，还是净利润更重要？是费用控制重要，还是投资指标的完成更重要？

当然，在企业不同的战略和发展阶段中，企业关注的重点有所不同。企业需要围绕其一定阶段的重点目标做好预算体系及控制，整合企业方方面面的资源。**企业的预算体系包括搭建目标体系、任务体系和考核体系**。

首先，搭建目标体系，这是构建预算体系的第一步，需要结合企业的战略规划、企业的核心竞争力和技术优势。比如，企业预算期的核心目标是获得更多的市场占有率，那么在目标体系中，对营业收入的预算比重可适当地提高，其他指标权重可适当地降低，以符合公司扩大市场占有率的核心定位。

其次，搭建任务体系。企业应结合目标体系来制订任务，比如优先提高市场占有率的任务，一方面要加大广告营销力度，另一方面要增加市场拓展团队人员，同时还要增加新产品研发的任务，保证企业向市场推出的产品具有足够的竞争力。

最后，搭建考核体系。企业应结合目标体系与任务体系，确定多层级的考核体系，比如根据不同级别的客户对应不同的考核激励措施，引导市场拓展团队做出有效的开拓行为。

企业在预算管理的过程中还要不断地优化管理体系，通过设计动态且完整的预算管理体系，同时在体系搭建的过程中综合考虑盈利性与流动性的问题、短期利益与长期利益的问题，保证企业更为平衡、稳定地实现良性的可持续发展。

接下来，我们来看一家存在了250多年的伟大的公司，是如何搭建预算体系的。

7.5 案例：商界活化石——GKN

7.5.1 GKN 的发展简史

提起 GKN（吉凯恩集团），可能大多数人都会感到有些陌生。但在生活中，GKN 的产品无处不在，从飞机零件到汽车零件，从金属制品到机械设备（见图 7-15），这家来自英国的企业目前已发展成为英国第二大工程技术型生产商，该集团在全世界有 280 多家子公司和分支机构，员工超过 5 万人。2017 年上半年的销售额就达到了 52.12 亿英镑。

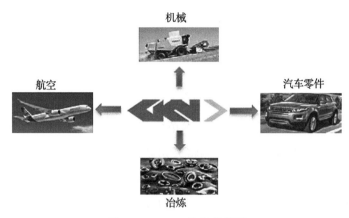

图 7-15 GKN 的业务类型

事实上,最令人称奇的并不是这家公司的业务范围或者营业收入,而是它的历史。GKN 创建于 1759 年,GKN 得名于其三位创始人 Guest、Keen、Nettlefolds 名字的首字母,而公司的标志取材于一枚螺丝钉,表明公司从生产零件起家。2018 年,GNK 已走过了 259 年的历史。

这家公司在成立之初只是一个铁匠作坊,直到 1815 年,它利用美国独立战争、法国大革命和拿破仑欧洲战争的大量钢铁需求的契机,让公司迅速成长。公司在建立 100 周年时的 1859 年,已成为全世界最大的钢铁公司,并于 1890 年成为股份有限公司。两次世界大战为 GKN 从传统的钢铁企业转型成工程技术企业提供了契机。在两次世界大战时,由于战争压力,GKN 开始生产坦克、潜艇、飞机等军械,战后公司管理层意识到发动机制造是未来发展的方向,于是放弃钢铁工业,转型到航空、汽车等高科技领域。20 世纪 70 年代后期,GKN 开始实行多元化战略,很快公司管理层发现这种方法不适合大型工业集团,立即予以放弃。到了 20 世纪 80 年代,在大卫·李爵士(Sir David Lees)的带领下,开始将主营业务集中在车辆动力制造上。目前,GKN 俨然成为汽车发动机和飞机零配件的顶级供应商，是英国第二大工程技术型生产商。庞巴迪、波音、洛克希德这些耳熟能详的飞机制造商，以及阿斯顿·马丁、奥迪、宾利、宝马、捷豹、兰博基尼、保时捷等数十家全球最知名的汽车品牌，都与 GKN 开展了业务合作。

从第一次工业革命到信息技术革命，GKN 见证了人类工业化的整个进程，并一次次地在关键时刻将公司驶往正确的方向。对比那些随着产业结构变迁而没落消失的企业，它的成功引出了这样一个问题：为什么有的公司"昙花一现"，而有的公司却能够"基业常青"？

7.5.2 勇敢的冒险源自稳健的财技

纵观全球，在 20 世纪 70 年代的世界 500 强企业中，很多在今天都已经陨落了。它们不是被兼并，就是已经破产。根据统计，1990～2000 年，近一半的此前的世界 500 强企业从榜单中消失（其他全球知名的寿命超过百年的公司如图 7-16 所示）。欧洲和日本的公司的平均寿命是 12.5 年，40% 的公司维持不过 10 年，就算是大型企业，维持超过 40 年的也寥寥无几。在美国，60% 以上的公司存活不到 5 年，超过 20 年的公司就能算作"长寿"了，但只占公司总数的 10%，能存活 50 年以上的只有 2%。从这个意义上说，GKN 在世界范围内都是无可争议的商界活化石，那究竟是什么秘诀让它在社会变

公司	开创年代	公司	开创年代
ROLEX	1785	DUPONT	1802
Colgate	1806	P&G	1837
citibank	1812	McDonald's	1845
ExxonMobil Aviation	1863	Nestlé	1865
Mercedes	1870	at&t	1885
Coca-Cola	1886	johnson-johnson 强生	1886
MERCK	1891	GE	1892
Gillette 吉列	1901	3M	1902

图 7-16　全球知名的寿命超过百年的公司

迁中始终屹立不倒呢？答案只有一个，永远未雨绸缪。

当企业完成原始积累后便会追求进一步的发展。而在经济周期和行业环境的变迁中，那些成熟的企业可能面临着衰退的风险，市场需求的转向和产品结构的升级等新问题极大地影响着企业的持续发展。不少管理者在企业内部提出了"打造百年企业"或"二次创业"的口号，并相应地采取了各种措施以解决企业发展中存在的问题，追求进一步发展，但多数公司由于难以确认转型的成本和代价而原地踏步或败走麦城。因此，通过精确的预算来进行战略管理，几乎是所有拥有百年基业的企业都具备的技能。一项针对美国 400 家企业的调查显示，预算管理现已成为绝大多数大型企业的一项必备作业程序。

《世界商业评论》杂志给 GKN 的评价是"事实上，他们严格的预算和财务控制所流露出的精确性与客观性，和当年夏洛特⊖写就冶铁业著作时的劲头一脉相承，这份精神'传家宝'使 GKN 有勇气在关键时刻做出那些富有冒险精神的决定"。

7.5.3　完善的预算体系

GKN 认为，预算不是会计师为会计目的而准备的会计工具，而是为确保集团战略目标实现的组织手段。

我们来具体分析 GKN 的预算制订程序。GKN 的预算制订从集团战略出发，先确定集团的发展方向，再据此确立集团的财务目标；根据公司的行业和产品地位，在财务目标的框架下确立行业发展战略和产品分部发展战略，并报董事会批准。如果战略预算方案得到董事会批准，则

⊖　夏洛特是公司最初合伙人的妻子，创造了贝斯莫炼钢法，并让公司成为当时全球最大的钢铁制造商。

继续制订业务单元的预算，跨度是 3 年，并对未来 3 年进行财务预测。当财务预测获得执行层面的通过或修正后，结合操作中的具体完成情况，再由总部对未来 2 年的财务预算进行循环编制（见图 7-17）。

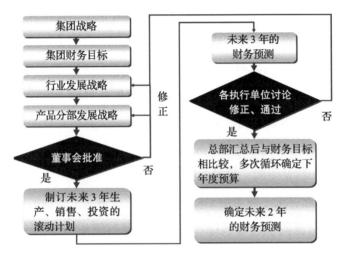

图 7-17　GKN 预算制订程序

在战略层面的目标得以确立后，业务单元的执行层面是对预算的落实。GKN 在日常经营过程中通过细化战略目标要求，准确地将长远规划目标落地到生产运作中。

日常经营层面的预算执行分为四个阶段：数据分析、差异探讨、提出对策和年末考核。在数据分析阶段，GKN 参照了 300 多项上月经营指标来找出出现的重大预算差异；在差异探讨阶段则结合生产状况和市场环境来探讨差异出现的原因；在提出对策阶段，董事会根据财务部的分析报告来提出解决重大差异的方法，并付诸实施；在年末考核阶段，根据各个部门的预算完成状况实施相应的奖励和惩罚（见图 7-18）。在上述的整个预算执行过程中，董事会全程参与，这样保证了企业能够及时识别生产经营中的问题，进而对战略目标进行调整。

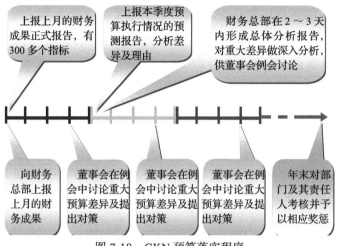

图 7-18　GKN 预算落实程序

通过覆盖战略和经营层面的预算机制，GKN 形成了全面的预算体系（见图 7-19）。其战略层面的预算侧重于对规划期经营活动进行描述；经营层面的预算则是企业对年度内经营活动所做的预算、计划。通过经营预算来实现战略预算，并在经营预算中设置相应的战略指标，以实现公司最终的长期发展目标。

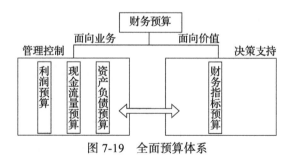

图 7-19　全面预算体系

在整个预算过程中，GKN 把财务预算放在核心位置。无论是中长期的集团财务目标的确定、未来几年的财务预测和财务指标比较，还是短期财务指标差异和财务总部的分析报告，均体现了财务预算在整个全面预算体系中所起的量化比照、反馈和结果考核的作用。通过精确、系统性、动态的预算机制,GKN 通过从战略层面到业务单元的分层逐级预算执行,实现了集团整体的财务目标和战略发展目标,从而也确保了集团在经济环境不断变化的过程中能够提前得知生产经营过程中遇到的状况,适时调整战略方向,改进生产过程,控制成本支出,以保持行业领先地位,最终稳健地得以存续百年。

GKN 用图 7-20 和图 7-21 中所示的关键绩效指标(Key Performance Indicators,KPI)体系来保障集团中长期战略目标的实现(2009 ～ 2014 年),其中既包括财务目标,也包括非财务目标,可见该集团在制订战略目标时就已经将职工安全、环保和工作满意度作为一个重要组成部分纳入整体预算控制,以便同时保持企业的市场竞争力和可持续发展能力。这些指标会定期报送给董事会和高层管理人员,同时还会与管理层的薪酬激励相关联。

图 7-20　6 个财务 KPI:保障经营目标

健康和安全:可预防事故发生次数为 0。

环境绩效:提升所有环境指标,并在 2009 ～ 2014 年间将能源利用效率提升 15%。

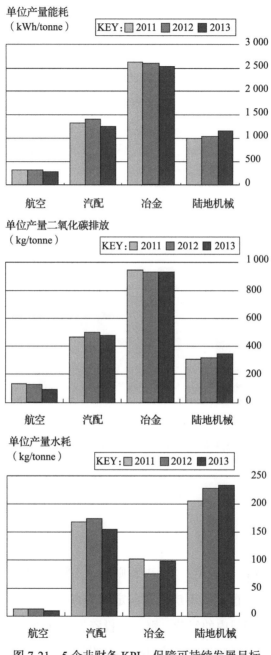

图 7-21 5 个非财务 KPI：保障可持续发展目标

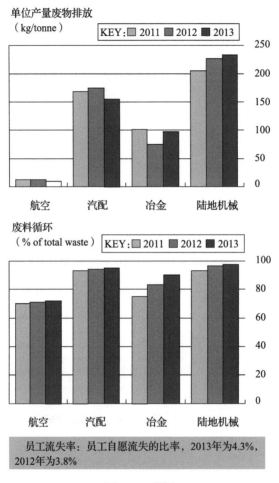

图 7-21 （续）

7.5.4 小结

《礼记·中庸》中说道："凡事预则立，不预则废。言前定则不跲，事前定则不困，行前定则不疚，道前定则不穷。"企业的预算就是指用数字形式对一定期限内的经营、财务、投资等环节做出总体计划，它是对公司整体战略目标和年度经营目标的预测与量化。任何决策，尤其是长期决策必须以"数据说话",预算数据越充分,预算管理就越扎实。计划是战略的延续,是连接战略与预算的桥梁;预测是预算的基础之一,是战略、计划"落地"的工具。通过对GKN预算框架和指标的分析,我们可以发现以下三个启示。

首先,董事会直接参与了战略制订、预算编制和预算监控,是预算管理的主体。要实施预算管理,就必须要由企业最高管理者来具体组织和推动,预算总目标的决策权也属于最高管理者。

其次,预算考评及其奖惩保证了预算的严肃性和发展方向。通过对规范地完成预算的部门和个人予以奖励,对违反预算规则及效率低下的部门和个人进行处罚,企业的生产经营过程可以变得高效、稳定、有序。反过来,优化激励制度也为实现企业预算总目标提供了可靠的保障。

最后,层层传达了落实保证了预算方案的有效实施。不能因为预算而降低成本,损害产品质量,而需要通过层层传达,细化预算目标,及时反馈调整战略,从而做到在保障产品质量的同时提升企业经营业绩。

当然,我们也要看到,处于不同发展周期的企业需要采用不同的模式:初创期的企业以资本预算为起点,成长期的企业以销售增长为起点,成熟期的企业以成本控制为起点,衰退期的企业以现金流为起点。从GKN的KPI看,销量增长是企业重点关注的目标,说明企业在目前的战略定位中把自身视作相关工程制造领域的成长型企业。

| 第 8 章 |

营 运 能 力

8.1 连年亏损的香港迪士尼

自从上海迪士尼开业以来,香港迪士尼就再也没有过过好日子了。

自 2015 年开始,香港迪士尼迄今已连续三年亏损,进园的内地游客占比不断下降。2017 年,香港迪士尼亏损超过 3 亿港元。2015 年和 2016 年,香港迪士尼分别亏损超过 1 亿港元和 1.5 亿港元。2017 年是香港迪士尼 3 年来亏损最多的一年。一般来说,像迪士尼这样的主题乐园,在前几年出现连续亏损很正常。只要主题乐园的运营能力强大,便能在数年内依靠强劲收入实现整体净盈利。**运营能力的好坏决定着一个主题乐园的成败。**

数据显示,奥兰多迪士尼、东京迪士尼,甚至盈利表现一直不佳的法国迪士尼的利润率数据全部高于香港迪士尼。直截了当地说,香港迪士尼在实际运营中出了大问题,未能有效控制费用开支应该是主因。一般而言,主题乐园行业的费用开支比例一直占据所有成本的大部分,这其中又以工资费用、广告费用、水电费用等为主。香港迪士尼运营中的人工费用、广告费用、能源成本皆是降低其收入的关键指标。

香港迪士尼的全职员工数量最近3年一直超过5000人，兼职员工数量在2500人左右，近3年来，全部员工数量在高峰期达到了7800人。虽然上海迪士尼的全/兼职员工数量在2017年有1万人左右，但是2017年上海最低工资标准为2300元，而香港同期的最低月工资至少翻一番。香港迪士尼每年要付出的员工工资成本比上海迪士尼高出1倍，而香港迪士尼的整体收入却难以企及上海的。

相比人工费用，香港迪士尼更大的麻烦在于客流量和现金收入。随着上海迪士尼的开业，内地游客赴香港迪士尼游玩的人数呈明显下降，3年减少了接近70万人次。其中尤以上海迪士尼开业的2016年下降幅度最为明显。

未来，香港迪士尼要想扭转目前的亏损局面，只有想办法提高自身的营运能力，转变客源组成，吸引更多中国香港本地和国际游客来弥补流失的中国内地客源，但这不是一件容易的事。

8.2　从运营效率看企业管理

一家企业好不好，第一步总是看它有没有好的产品，而好的产品总是与企业的发展能力和控制能力直接相关。不幸的是，很多企业生产和销售的产品与其他竞争对手的产品并无明显差异，换句话说，就产品本身而言没有特别的竞争力，那么为什么有的企业就能成为行业中的领头羊，而有的企业则濒临破产倒闭呢？它们一决高低的关键是什么？就是与企业管理效率有关的营运能力（也可以称作企业的管理能力）。

这里要强调，企业的营运效率或者管理效率，并不是针对产品而言的，它是针对企业所拥有的资源而言的。

首先，解释一下什么是"企业管理"。"企业管理"是指通过计划、组织、领导、控制及创新等手段，结合人力、物力、财力、信息等资源，以期高效地达到"企业目标"的过程。由此可见，"企业管理"就是管理"人""财""物"和"信息"等资源，而提高管理效率就是提升"人""财""物"和"信息"的运用效率。

有关一家企业的"人""财""物"和"信息"等资源的数据，我们从哪里可以快速获取呢？资产负债表。除了有关"人"的信息无法简单地在资产负债表中获取之外，资产负债表就是记录公司"财"和"物"的管理"信息"报表。

简单地讲，"财"是指公司口袋里到底有多少钱（即账面上的资金和可以立即变现的资产）；"物"是指公司的流动资产（包括应收账款、存货等）和长期资产（包括固定资产（设备）、无形资产和长期投资等），公司运用这些资产来获得收入和利润。不管是世界500强企业，还是小规模手工作坊，管理好一家企业就是要管好资产负债表。

8.3　周转率和效率

用最简单直白的话来总结，**提升一家企业的效率，就是提升企业员工的效率和企业资产负债表上"资产"的运作效率**。那么企业应该如何衡量资产效率？有一个简单有效的监控企业营运效率的指标——资产周转率。资产周转率越高，就说明企业资产的营运效率越高。

在有关资产负债表的章节中，我已经介绍了，根据流动性的不同，资产可分为流动资产和长期资产。资产的周转率也会按照流动性进行分类，具体可分为应收账款周转率、存货周转率、货币资金周转率和固定资产周转率,如图 8-1 所示。企业管理者要想提升企业的营运效率(资产周转率),必须特别重视资产负债表中的这四个重要项目的周转率。

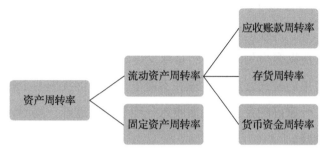

图 8-1　资产周转率的分类

8.4　应收账款管理:尽快收回企业散落在各地的每一分钱

8.4.1　应收账款周转率和周转天数

应收账款是指企业在给客户提供产品或者服务,客户承诺付款后,企业所得到的一种向客户收款的权利。简单地说,应收账款就是客户欠企业的货款。

在企业管理中,我们常用两个指标来监控和提升应收账款的管理效率,两个指标分别是应收账款周转率(也就是周转次数)和应收账款周转天数(Days of Sales Outstanding,DSO),后者由于其简明性和有效性,被运用得更为广泛。

应收账款周转率就是在一定期间内公司的应收账款转化为现金的平均次数,其计算公式为:

$$应收账款周转率 = \frac{销售收入}{(期初应收账款余额 + 期末应收账款余额)/2}$$

通俗地说，就是每 1 元应收账款的投资可以支持多少销售收入。很显然，应收账款的周转次数越多，企业的管理效率就越高，应收账款的期末余额就可能越小。仔细想想，道理也对，如果你是一家企业的老板，你希望客户欠你的钱是越多还是越少呢？所有老板都希望一手交钱一手交货，所以客户欠的钱当然是越少越好。

这个简单的公式背后的道理并不简单，它告诉我们两个朴素的企业经营原则：**一家好的企业，销售收入一定是越高越好，同时，应收账款余额越少越好。**

应收账款的周转天数就等于一年（用 360 天代表一年是为了统一和方便数字计算）除以应收账款的周转率。

$$应收账款的周转天数 = \frac{360 \text{天}}{应收账款周转率}$$

周转天数表示从产品销售开始到企业收回现金平均所需的天数，也就是一笔应收账款回收的平均时间。很显然，对于高效率的企业来说，应收账款的周转天数肯定是越少越好。国内有一家非常知名的地板龙头企业——圣象地板，其应收账款的周转天数居然是 0，也就是说公司没有应收账款。一家年销售规模达到几十亿元的大公司，居然没有应收账款，所有的交易都做到"钱货两讫"，不得不说其产品和管理效率在业界属于领先水平。

8.4.2 应收账款分析

分析应收账款的周转率和周转天数的计算方法，我们很容易发现，这两个指标其实就是一个指标，只不过表达方式不同而已。周转天数因为容易衡量和理解，在企业管理中运用得比较多。世界 500 强企业通常会用 DSO（应收账款周转天数）表格来管理企业的应收账款。DSO 表格样式如表 8-1 所示。

表 8-1　DSO 表格

应收账款	0～15 天	15～30 天	30～60 天	60～90 天	90～180 天	180 天以上
客户 A						
客户 B						
客户 C						
……						
合计金额						

通过 DSO 表格，企业可以清晰地看到各个客户在期末时的应收账款拖欠情况，可以更方便且有针对性地进行应收账款管理。DSO 表格在世界 500 强企业，尤其在快消品、医药医疗等行业被广泛使用。通过对 DSO 表格进行分析，企业可以简单、清晰地了解各个经销商和客户的管理情况。

应收账款周转天数是销售团队重要的考核依据，销售团队不仅要完成销售收入的指标，更要按时完成应收账款的回收任务，最典型的例子就是银行的信贷管理。在我国的大多数银行里，信贷一旦逾期没有回收，负责这笔信贷的信贷员当月及之后的奖金都会被暂扣，工资都有可能打折发放，直到该贷款被回收，才会恢复之前的薪酬水平。对于企业来说，只有卖得掉产品且能收回钱的销售人员，才是合格的销售人员。

在通常情况下，我们将 60 天定义为应收账款的警戒线，超过 60 天未收回应收账款的客户就是高风险客户，需要加强管理。但是不是所有企业都要参照 60 天的回收标准呢？当然不能一刀切地简单理解和死板处理。以房地产企业为例，通常房地产企业的应收账款回收期为 30 天，如果按照 60 天作为标准就极其不合理了。为什么房地产企业的平均回收期只有 30 天呢？道理很简单，房地产公司一旦和客户签订房产合同，就可以确认为房产销售收入，应收账款的回收天数就开始计算了。银行审批客户贷款的申请时间差不多在 1 个月以内，一旦银行核准贷款，房地产公司的应收账款就能够被回收。所以一般情况下，房地产公司的应收账款的周转天数是银行审核贷款的时间，大约为 30 天。

通常情况下，企业应该如何管理应收账款的周转天数呢？以什么为管理基准呢？作为企业的管理者，我们至少应该做到行业的平均水平，比如行业内上市公司的平均水平，这是最低标准。那么，管理的目标是什么呢？应该是行业中最好的上市公司的应收账款的管理标准，如果超过这一标准，那么说明你的应收账款管理效率已经达到了行业内的领先水平。

8.4.3 应收账款的管理措施

昔日传统彩电业的老大——四川长虹，就是一个应收账款管理失败的典型案例。

2015 年，四川长虹曾一度巨亏接近 20 亿元。虽然 2016 年业绩迅速回升，但 2017 年三季度报告显示，公司扣除非经常性损益后的净利润亏损超过 7000 万元，全年盈利堪忧。为何昔日彩电巨头近来一蹶不振？

四川长虹的落没有两个标志性的事件：其中一个就是其与美国公司 APEX 的巨额烂账。自 1994 年上市后，四川长虹曾经历过一段黄金时期，跻身家电巨头行列。2001 年，就在长虹鼎盛时期，因为产能过剩，公司开始实施"大市场大外贸"的战略，并选定美国为主销市场，将 APEX 作为合作对象，以赊销的方式在美国开展贸易。但是，在为 APEX 提供产品后，四川长虹的应收账款急剧增加。2001 年年初，四川长虹的应收账款超过 18 亿元，同年年底，这一数字已经接近 30 亿元，增幅达到60%。2003年年底，四川长虹的应收账款已高达50亿元，其中APEX所欠款项就有45亿元。2004年年末，四川长虹公告称"美国进口商APEX由于涉及专利费、美国对中国彩电反倾销及经营不善等因素出现了较大亏损，支付公司欠款存在较大困难……"向外界曝光了这一惊人的坏账金额。2004年，这笔坏账直接导致四川长虹亏损接近37亿元。也就是从那一年开始，四川长虹一蹶不振，进入了长达10多年的萎靡，不仅错失了液晶屏市场，而且将电视行业老大的位置拱手相让。

那么，具体应如何尽快回收应收账款呢？

对于应收账款的日常管理，建议企业建立应收账款核算办法，确定最佳应收账款的机会成本，制订科学合理的信用政策，严格赊销手续管理，采取灵活的营销策略和收账政策，加强应收账款的日常管理等。有几条具体的应收账款管理措施供读者参考。

重视信用调查

对客户进行信用调查是应收账款日常管理的重要内容。企业可以通过查阅客户的财务报表，或根据银行提供的客户信用资料了解客户偿债义务的信誉、偿债能力、资本保障程度，以及是否有充足的抵押品或担保，或者生产经营等方面的情况，从而确定客户的信用等级，作为决定向客户提供信用的依据。

控制赊销额度

控制赊销额度是加强应收账款日常管理的重要手段，企业要根据客户的信用等级确定赊销额度，对不同等级的客户给予不同的赊销限额。必须将累计额严格控制在企业所能接受的风险范围内。为了便于日常控制，企业要把已经确定的赊销额度记录在每个客户的应收账款明细上，并作为金额余额控制的警戒点。

合理的收账策略

应收账款的收账策略是确保应收账款返回的有效措施，当客户违反信用时，企业就应采取有力措施催收账款。如果这些措施都无效，则可诉诸法院，通过法律途径来解决。但是不要轻易采用法律手段，否则将会失去该客户。

应收账款的跟踪评价

应收账款一旦形成，企业就必须考虑如何按时足额收回欠款而不是消极地等待对方付款，应该经常对所持有的应收账款进行动态跟踪分析。加强日常监督和管理，要及时了解赊销者的经营情况、偿付能力，以及客户的现金持有量与调剂程度能否满足兑现的需要，必要时企业可要求客户提供担保。

加强销售人员的回款管理

销售人员应具有以下习惯：在货款回收期限前一周，电话通知或拜访客户，预告知其结款日期；在账款回收期限前三天与客户确定结款日期；结款日当天一定要按时通知或前往拜访。企业在制订营销政策时，应将应收账款的管理纳入对销售人员考核的项目之中，即个人利益不仅要和销售挂钩，还要和应收账款的管理联系在一起。

定期对账，加强应收账款的催收力度

企业要形成定期对账制度，每隔三个月或半年就必须同客户核对一次账目，并对因产品品种、回款期限、退换货等原因导致单据、金额等方面出现的误差进行核实；对过期的应收账款，应按其拖欠的账龄及金额进行排队分析，确定优先收账的对象；同时应分清债务人拖延还款是否属于故意拖欠，对故意拖欠的行为应考虑通过法律途径加以追讨。

控制应收账款发生，降低企业资金风险

在购销活动中，企业要尽可能地减少赊销业务。一般地，宁可采取降价销售，也不要选择大额的赊销，企业可选择购货方承兑汇票支付、货款回收担保及应收账款风险比较选择等方案。总之，企业要尽量压缩应收账款发生的频率与额度，降低企业资金风险。一般情况下，企业应要求客户还清欠款项后，才允许有新的赊欠，如果发现欠款过期未还或欠款额度增大，企业应果断采取措施，通知有关部门停止供货。

计提减值准备，控制企业风险成本

按照现行会计准则和会计制度的规定，企业根据谨慎性原则的要求，应在期末或年终对应收账款和存货进行检查，合理地预计可能发生的损失，对可能发生的各项资产损失计提减值准备和坏账损失，以便减少企业风险成本。

建立健全公司机构内部的监控制度

完善的内部控制制度是控制坏账的基本前提，其内容应包括：建立销售合同责任制，即对每项销售都应签订销售合同，并在合同中对有关付款条件做明确说明；设立赊销审批职能权限，企业内部规定业务员、业务主管可批准的赊销额度，限额以上须经领导人审批；建立货款回笼责任制，可采取谁销售谁负责收款的制度，并据以考核其工作绩效。总之，企业应针对应收账款在赊销业务中的每个环节，健全应收账款的内部控制制度，努力形成一整套规范化的应收账款的事前、事中、事后控制程序。

8.5 存货管理：能卖掉产品的公司才是好公司

8.5.1 存货周转率和周转天数

应收账款管理能力的高低是指企业销售环节完成后，回收欠款能力的高低。对企业来说，比收款更重要的环节是，产品能否卖掉。这个环节根据哪个指标来衡量呢？存货周转率。

存货周转率是企业在一定时期销售成本与平均存货余额的比率，它反映了存货的周转速度。

$$存货周转率 = \frac{销售成本}{(期初存货余额 + 期末存货余额)/2}$$

请注意，这个公式中的分子与应收账款周转率计算公式中的分子是不同的，这里的分子是销售成本。为什么用销售成本而不是销售收入呢？我先分别解释这个公式中各项的含义。

周转率代表企业的运营效率，越高越好。要想提高应收账款的周转率，分子（销售收入）越大越好，同时分母（平均应收账款）则越小越好。这不仅考验了企业的发展能力，还考验了企业管理应收账款余额的能力。存货周转率则要求分子（销售成本）越小越好，所以对分母（存货的平均余额）的控制要求则更高。简单地套用数学原理，**要提高存货周转率，就要求企业在降低成本的同时，将存货的平均余额控制得更低**。企业在这一点上和应收账款的管理原理不同。这也就意味着，企业不仅要保持低成本，也要让存货的余额保持更低，这才是企业高效营运的表现。

同样地，存货的周转天数是用360天除以存货周转率得到的。

$$存货的周转天数 = \frac{360}{存货周转率}$$

存货的周转天数和周转率在企业管理中有着非常重要的作用。比如，一个很有意思的问题，一家饮料公司的平均存货周转天数应该是几天？或者说至少应该少于几天？仔细想想，道理其实很简单。饮料公司的库存应该在保质期内销售完毕，如果没有销售完毕那么存货就过期了，存货经常过期的企业是要倒闭的。所以，一家饮料公司的存货周转天数，至少应该小于它的产品保质期。饮料的保质期通常小于或等于1年，所以饮料企业的存货周转天数通常应该小于1年。

其实，1年这个神奇的数字在很多行业中都有用。比如汽车行业，为什么汽车总会按年份设计车的款式，比如2017年款或者2018年款。买过车的人可能都知道，在2018年买2017年款式的车都会有一定的折扣，如果买2016年款式的，折扣一定比2017年款式的更大。由此可见通常情况下，存货存放的时间越长（存货的周转天数越长），存货就越不值钱，也越难卖出去，企业就有可能要清仓处理，甚至亏本甩卖。最惨的企业，可能不但收不回一分钱，甚至需要倒贴很多钱进行处理。

在服装行业，我们知道一个名词叫作"季"，每一"季"服装公司都会推出新款。如果你到大型商场去看看，当"季"的新款一般不打折，过"季"的款式打7折，一年前的服装大概就要打3折了。其实，这个"季"的概念，在服装行业的管理上就是存货周转率的概念，也就是一年里存货周转了几次。按照我们传统的观念，通常服装一年有四"季"，就是"春夏秋冬"，因此服装企业的存货周转率一般都要高于4次，这样才能保证服装在销售时都符合当"季"需求，从而保持较高的毛利。如果存货周转率低于4次，那么就有可能错过"季"，过"季"了，服装企业就面临着打折清仓的压力。

8.5.2 案例：美邦服饰的警钟

美邦服饰的衰退信号

中国是世界上最大的服装消费国，同时也是世界上最大的服装生产国。中国的服装产业在2009年全球金融危机后呈现出了全新的格局，许多国家的时尚品牌都将中国视作最具成长潜力的市场，纷纷加大了对中国市场的投入，使得国内服装市场的竞争日趋激烈。在国际大牌进驻中国之初，国内服装企业主要还停留在低层面的价格和款式的竞争上，实体批发市场是主要的流通渠道，而设计能力和营销能力全面落后于以 ZARA、H&M、C&A 和 GAP 为代表的国际"快时尚"品牌。

"快时尚"模式是中国服装公司在过去几年最热衷学习的方向，该模式由 ZARA 创造，以快速上新、价格亲民和紧贴潮流为特点。美特斯邦威（简称美邦）是 ZARA 在中国最忠实的"学生"，但其业绩从 2012 年开始走下坡路，至 2017 年，公司的营业收入、营业利润以及净利润均为负增长，全年亏损了 3 亿多元。如果你仔细观察前两年的资产负债表，就会发现美邦危机的苗头，这注定了其在几年后的全面亏损。

美邦的危机始于 2011 年。根据 2011 年的半年报，公司营业收入同比增长 49%，净利润同比增长 883%，不过财报上高达 28.9 亿元的存货引起了市场的关注。其 2010 年同期存货金额仅 9.03 亿元，这意味着美邦的存货同比增长了 220%。此外，存货占净资产的比重高达 90%，而行业平均水平仅为 20% 左右。庞大的存货不仅会随着时间的推移造成价值下跌，而且会直接影响企业的资金链，这使得美邦不得不通过长期打折来清理库存，结果是直接侵蚀了企业的毛利率水平。

虽然公司把存货高企归咎于天气原因，但事实上美邦在 2010 年已显示出较高的存货增长。公司 2010 年的存货同比增长 183%，达到 25.48 亿元，存货占净资产的比重也高达 77%，高库存使得当年经营活动产生的现金流量净额为 –10.54 亿元，同比降低了 223.03%。

事实上，不只美邦，特步、李宁、安踏、佐丹奴等国内知名服装企业也存在类似问题。高库存就像达摩克利斯之剑，如果没有合适的消化方法，在面临国外大牌冲击和国内电商渠道崛起的双重夹击时，必将一败涂地。

"快时尚"快在哪里

以 ZARA 为代表的国际快时尚品牌取得成功的关键在于灵敏的供应链管理。相比国内普通服装企业 6 个月以及国际高端名牌 3 个月左右的上架周期,ZARA 的服装从设计到上架出售仅为 12 天左右,最短的甚至只需一周,这个速度甚至让同行 H&M 的 21 天都相形见绌。就是这短短的 12 天使得 ZARA 可以迅速地提升资金运用效率,从而秒杀竞争对手,成为全球服装行业的第一名(见图 8-2)!

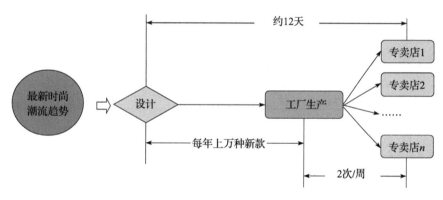

图 8-2　ZARA 的产品效率

ZARA 的橱窗每 20 天换一次新款式,门店每星期订购 2 次新货,物流系统每小时可以向全球 78 个国家的 2000 多家门店发出 6 万件衣服。强大的快时尚系统令 ZARA 全球门店的平效(一个年度内平均每平方米的销售金额)达到 4719 欧元,是国内服装企业平效的 4 倍左右。

ZARA 不会让产品在连锁店里待 2 周以上,因为每个季节开始时公司只会按最低数量生产产品,一旦出现新的需求则组织供应链迅速生产新品。一般的服装企业在季度末可能会存下下个季度出货量 50% 左右的产品,但 ZARA 最多只会存 20%,其他的则通过更准确地预测市场需求和潮流走向来迅速反映到供应链上。

此外，如果连锁店里有产品超过 2～3 周还没卖出，则会被送到其他连锁店，从而将店铺过时产品的占比控制在 10% 左右。通过这种方法，连锁店产品更新换代频繁，某些款式一旦错过就不会第二次出现在货架上，顾客也必须判断是否立即购买这些当季款式以防后悔。通过有效的存货管理，ZARA 的每种款式都只有极低的存货，季末打折的产品也很少，并且折扣率可以控制在 8.5 折，而非行业平均的 6～7 折。

ZARA、H&M、优衣库、GAP，4 家国际知名"快时尚"品牌的存货周转率如图 8-3 所示。ZARA 以时尚款为主，款式多，定价相对优衣库和 GAP 高。优衣库和 GAP 以廉价基本款为主，因此在存货周转率上更高。

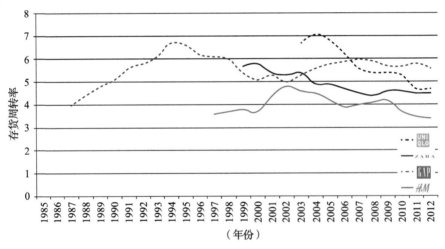

图 8-3　ZARA、H&M、优衣库、GAP 的存货周转率对比

美邦的阿喀琉斯之踵

"快时尚"的根基是在压缩供应链周期的前提下保持较低的库存，以此来提升存货周转率。通常一年有四个季节，每个季节服饰的需求都是不同的。美邦的存货周转天数为 150～170 天，即一年只能满足"传

统两季"的当季市场服装需求，另外两季则需要通过企业建立需求模型进行预测，而一旦出现了预测模型无法控制的状况，比如凉夏、暖冬，就非常容易出现存货积压。

在美国有一种很有趣的期货，叫天气期货，即投资者可以通过购买期货合约来防止极端天气情况的出现，而天气期货最主要的一个投资者就是羽绒服生产企业，因为一旦出现暖冬就会发生羽绒服滞销的状况。美邦遇到的存货危机与天气情况有很大的关系，不过本质上仍是没有真正地将产品从设计到上架的周期以及零售终端存货管理做到极致。

美邦模仿 ZARA 起家，曾被视为中国最接近"快时尚"的公司。通过将生产进行外包，美邦建立起了一种"虚拟运营"的模式，这相对于传统服装企业受自有工厂束缚的供应链模式而言，无疑是一个飞跃，可以有效缩短订货环节的周期，从而提升供货效率。美邦的供应链速度相对传统同行无疑建立起了优势，但一味地比拼供应链周期的结果是公司忽视了销货速度。产品生产周期缩短了，但销量无法上去，就意味着大量的库存积压（美邦与 ZARA 的流动资产周转率与存货周转率见图8-4）。这也是其他中国模仿者的硬伤。它们往往钟情于比拼供应链速度来控制成本，并获得更有利的价格，却忘了只有将生产出来的存货都卖出去才能为企业带来真正的利润。原因是中国的"快时尚"追随者在生产和销货渠道开发上模仿得更像，在品牌营销和服饰设计方面却比较弱（见图8-5）。

2008年的全球经济危机使得国内服装行业受到了重创，服装卖场之间的竞争非常激烈，品牌之间的价格战也愈发频繁。随着上游订单压力越来越大，代理商库存越积越多，只能通过打折促销来降低销售环节的风险，从而使得代理商的利润变薄，导致的结果是不敢大量进货。零售终端的大量库存滞销会使零售终端回款周期变长，从而导致资金链断裂，关店倒闭不可避免。

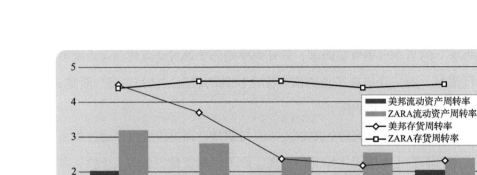

图 8-4 美邦与 ZARA 的流动资产周转率与存货周转率

图 8-5 美邦的产品流程

在这种背景下，美邦与加盟商之间也出现了裂痕，因为以虚拟运营为特色的美邦在上市后与许多加盟商签订了长期的经营合同，要求代理商每年有 25% 左右的增长，否则就将加盟商踢出局，并对加盟商订货指标有强硬限制。由于美邦与加盟商缺乏沟通，许多新的时尚尝试得不到加盟商的认同，致使原本很有噱头的主打设计风格无法顺利引导市场。除此之外，美邦在自建的直营店与加盟商之间的资源分配方面区别对待，直营店的折扣通常给到 5～6 折，而加盟商只给 8 折加 8% 的金额补贴。由于加盟商无法准确地判断订货量，且无法获得满意的促销折扣，恶性循环就产生了，加盟商的存货越积越多，难以消化。此外，公司为摆脱低端形象，在 2011 年大力发展与 ZARA 和 H&M 等巨头竞争的 ME&CITY 品牌，由于时间仓促，没有很好地从产品定位和渠道推广上做规划，结果处于亏损状态。

"不走寻常路"，就像公司的广告语一样，美邦希望通过模仿 ZARA 的模式在中国服装行业走出一条独树一帜的道路，树立起"快时尚"的领导者形象，却因未能学好库存管理这一关而马失前蹄。究其原因，美邦与许多国内近十年崛起的本土名牌一样，品牌营销和渠道管理能力的缺乏使得它们仅局限在供货速度和价格上竞争，结果只能在低端市场上窝里斗，无法在中高端市场上与国际品牌竞争。

小结

对于大多数以商品销售为主要收入来源的制造业企业，尤其是快速消费品行业（包括快时尚服装行业）而言，存货周转率可以很好地作为判断企业流动资金运用及流转效率的指标。理论上，存货周转次数越高，企业的流动资产管理水平和产品销售状况就越好。存货周转率的高低还会影响企业的应付款项和应收账款。存货周转率越高，说明企业产品更畅销，企业相对于客户处于相对强势的地位，应收账款的回收可能越快，应收款项也因为资金回收效率高而相应减少，企业经营也越健康。

存货的周转天数说明了企业的产品是否能快速地被卖掉。作为企业的管理人员，不仅要注重成本的控制，更要在注重成本控制的前提下，尽快地销售企业的产品。

8.6 货币资金管理：流水不腐，户枢不蠹

8.6.1 现金周期

流动资产的三大组成部分包括应收账款、存货和货币资金。很多企

业的管理者都认为应该同时关注这三者的周转率或者周转天数，实际情况是否如此呢？这里必须指出，应收账款和存货的确需要看周转天数或者周转次数（周转率），而对于货币资金，我们的管理方法并不完全相同。我们会用一种全新的方法进行管理——现金周期（Cash Conversion Cycle）。什么是现金周期？图8-6的展示会让你一目了然。

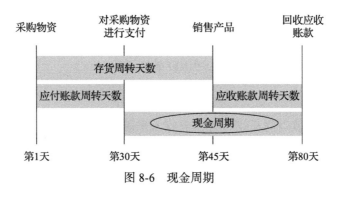

图8-6 现金周期

现金周期是指在生产销售活动中，从对采购物资进行支付到销售回款的时间间隔。如果从企业管控的角度来说，企业的现金周期当然是越短越好。现金周期的计算公式如下：

现金周期 = 存货周转天数 + 应收账款周转天数 - 应付账款周转天数

根据上面的公式和之前关于应收账款与存货的介绍，我们知道，存货周转天数就是购入原材料至出售产成品的平均天数；应收账款周转天数是赊销至收回账款的平均天数；应付账款周转天数是购入或取得物料或供应品至支付款项期间的平均天数。从企业管理者的角度看，我们应当尽可能地缩短存货周转天数和应收账款周转天数，同时尽可能地延长应付账款的周转天数，以此来缩短现金周期，即快销售、**快收款、慢付款**。

很显然，管理货币资金，并非从货币资金直接下手，而是从其他相关的重要项目（应收账款、存货和应付账款）入手，通过对这些重要项目的管控，反过来起到管理企业货币资金的作用。所以，总结一下，**管理企业的货币资金并非管理资金本身，而是管理好企业的应收账款、存货和应付账款。**

现金周期的缩短，就意味着企业货币资金使用效率的提高，同时意味着企业可以使用更小的平均货币资金余额进行企业经营。这样的企业谁会不喜欢呢？所以现金周期的管理体系是企业流动资产营运和管理效率最综合的一个管理体系。

表 8-2 是不同行业现金周期的统计数据参考，我们会发现两个明显的特点：第一个特点是，现金周期的行业差异非常明显，比如房地产开发与经营业的现金周期超过 2 年，而航空运输业居然是负的。另外一个有意思的特点是，各行业的现金周期多集中在 3 个月左右，所以 3 个月是普通行业的主要指标。为什么会这样？是什么原因造成了各行业有那么大的差别？对于不同行业各自应该重视哪些管理重点呢？我们着重分析一下差异较大的三个行业：房地产开发与经营业、零售业和电力生产业。

表 8-2　不同行业的现金周期

行业名称	现金周期（CCC）(天)	行业名称	现金周期（CCC）(天)
房地产开发与经营业	747.93	自来水的生产和供应业	61.94
农业	227.53	汽车制造业	54.30
饮料制造业	173.61	日用电子器具制造业	51.67
生物制品业	170.50	石油加工及炼焦业	42.36
医药制造业	94.13	通信服务业	37.77
纺织业	81.81	电力生产业	14.14
食品加工业	81.39	旅游业	11.61
造纸及纸制品业	77.91	旅馆业	-6.45
橡胶制造业	75.39	零售业	-7.71
土木工程建筑业	75.21	煤炭采选业	-18.00
塑料制造业	74.26	航空运输业	-26.45

8.6.2 三大行业的现金周期比较

三个行业的存货周转期、应收账款周转期、经营周期、应付账款周转期、现金周转期比较，如图 8-7 所示。

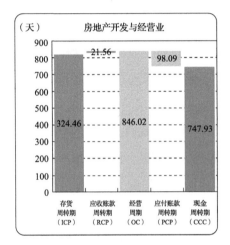
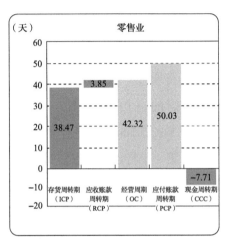
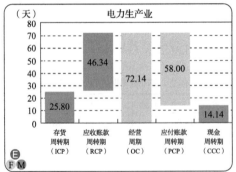

图 8-7　三个行业与现金周期相关的指标比较

房地产开发与经营业

首先要解释为什么房地产企业的现金周期会超过 2 年。从图 8-7 中不难发现，房地产公司的现金周期受到存货周转天数的影响比较大，而受应收账款和应付账款周转天数的影响比较小，所以存货的周转天数决定了房地产企业的现金周期。

一般房地产企业从破土动工到完工符合预计可出售状态，大致需要2年，所以这个数字和房地产企业的存货周转天数大致相同。而应收账款周转期在1个月之内，这主要与银行在签订购房合同后1个月内放款有关。

所以，房地产公司对于资金管理的重点，肯定不是应收账款，而应该是存货。对存货周转天数影响最大的就是建设周期，这也就是为什么房地产龙头企业"万科"如此重视建设周期。建设周期越短，房屋可以更早上市，存货周转天数就更短，资金的运作效率就更高。万科通过"预制"模式，在造房子的同时，很多房屋构件在其他工场同时施工，然后运输到施工工地，拼装组合在一起，大大提升了施工效率，降低了建设周期。万科平均建设周期在18个月左右，而整个房地产行业的平均建设周期在24个月左右。在存货周转率方面，碧桂园较恒大和万科更为出色，长期以来一直稳定在0.6的水平，从拿地到开盘平均仅需5个月，因此资料在管理效率也最高。

零售业

很多人难以想象，怎么会有现金周期是负数的行业呢？多完美的行业啊！但这不符合逻辑啊！其实，这并没有不符合逻辑的地方。举一个简单的例子，我们经常坐飞机，但有没有遇到过下飞机时才付机票钱的情况？一定没有。作为乘客，必须在上飞机前提前支付机票钱，航空公司才会为乘客保留座位，乘客才有可能上飞机；不买票，就不能登机，这就是航空公司的经营逻辑。航空公司先收钱后提供服务，所以现金周期自然是负的。和航空业相类似，零售业和酒店业也都是现金周期为负数的行业。

以零售业为例，通过分析图8-7的零售业现金周期的图表。影响现金周期的，不是应收账款周转天数，也不是存货周转天数，而是应付账款周转天数。零售业应收账款的周转天数只有 2 天，这个符合商业逻辑，顾客有没有到大商场写白条买东西的可能？遇到这种情况商场肯定会报警。顾客不是付现金，就是刷信用卡。通常情况下，信用卡的到账时间最长是 2 个工作日，所以这个"2 天"差不多就是商场的应收账款回收周期，而一般情况下，这"2 天"的应收账款回收周期很难有机会再次大幅地缩短。

整个零售行业的存货周转天数，差不多控制在 1 个月左右，这个指标非常重要。建议准备创业或者正在创业的读者必须特别关注，尤其是准备销售服装、饰品等商品，需要到大商场或者是网络上设专柜售卖的企业家。一旦你的商品放到大商场去销售，如果超过 1 个月（零售行业的存货周转天数）都售卖不出去，那么说明你的产品有一定的问题，必须进行改进。原因很简单，根据零售行业的存货周转天数，商品一般会在 1 个月左右被卖掉，卖不掉的就有可能是产品不受欢迎。

零售业受到应付账款周转天数的影响比较大，这个指标就是商场付款给供应商的时间。通常情况下，商场差不多每 2 个月与供应商进行一次账务结算，所以应付账款的付款周期就是 60 天左右。所以，影响零售业现金周期最重要的因素是应付账款的付款周期。

在零售业、酒店业和航空业中，应付账款周转期对它们而言特别重要。不过提升应付账款周期的空间并不是很大，而压缩应收账款周期和存货周期的空间也很有限。那么这些行业如何提升管理效率呢？仔细分析这些行业，你就会发现它们有一个共性，它们都是"重资产"的行业。零售业往往拥有商铺；酒店业往往拥有楼宇；对于航空业而言，一般飞机不是自己拥有的，就是融资租赁的（融资租赁和普通租赁的区别在于：融资租赁的租赁方拥有最终的资产所有权，而普通租赁则没有）。

所以这些行业都是"重资产"行业。如果要提升这些行业的效率，最重要的就是要提高这些行业所拥有的固定资产的营运效率。这也就是为什么大型超市的经营时间从早 8 点开到晚上 22 点，一天经营 14 个小时；酒店推出下午时段的钟点房；航空公司推出红眼航班。这么做的主要原因就是为了提高固定资产的营运效率。这些行业在关注应付账款周转期的同时，更应该关注固定资产的管理及营运效率。

电力生产业

工业生产型行业的现金周期通常集中在中位数附近，比如图 8-7 列示的电力行业，应收账款的周转期和应付账款的周转期，对于它的现金周期就显得相对重要。电力行业的应收账款周转期往往是 1 个半月，这与我们的消费习惯相似。电力公司往往让客户用电，然后再出账单，之后再给定一个付款时限，最后才是客户付款，所以这个周期往往会是 1 个半月左右。同时，电力企业与供应商的结算通常也需要 2 个月左右，存货的销售周期往往在 1 个月左右。所以，电力企业的现金周期通常控制在 2 周左右。

为了缩短现金周期，同时提高企业的营运效率和效益，电力企业也推出了解决方案。比较常见的是在北京地区，用户必须先充值才能用电，不然就没电可用。这样就大大缩短了应收账款的收款期，从而缩短了现金周期，提高了企业营运效率。这就是电信公司推出预付费制度，大型商场或者超市推出现金购物卡的原因。

小结

总结一下，在房地产、农业、生物制品等行业，存货周转期对现金周期而言较为重要，所以针对存货周转天数的管理至关重要。在酒店、航空运输等行业，应付账款周转期最为重要，所以要注意如何和供应商处理好关系甚至将利益捆绑在一起，当然也要注意提升自身"巨大"的固定资产运营效率。而在电力生产等行业，应收账款周转期和应付账款周转期都很重要，所以一定要同时合理地把控好"进"（应收）和"出"（应付）两端的管理。

存货周转率分析的目的是从不同的角度和环节上找出存货管理中的问题，使存货管理在保证生产经营连续性的同时，尽可能少地占用经营资金，提高资金的使用效率，促进企业管理水平的提高。

8.6.3 货币资金短缺与盈余

内部资金盘活

货币资金就像人体的血液，只有良性循环，企业才能健康发展。但中小企业货币资金短缺已经成为当前经济生活中一个常见的问题，几乎所有的中小企业都面临资金短缺的困难，已然影响到企业的持续发展。除了对外融资外，企业可以通过哪些手段来盘活内部的资金呢？

首先，加强应收账款的管理。资金的及时回收对企业来说至关重要。企业应加强对应收账款的管理及账龄分析，积极清理应收款项，同时做好对客户的事前信用评估、事中追踪控制、事后各个环节的控制。

其次，调整企业资金结构。企业在增加固定资产投资时，应落实较为稳定的一定数量的流动资金来源，切不可盲目；科学、合理地安排自有资金与负债、长期负债与流动负债以满足流动资金的需要。

再次，提高资金使用效率，降低经营管理成本。企业要增强内部活力，加强风险意识和成本观念，找准企业生产经营中的突出矛盾和问题，对症下药。

最后，加强存货管理。特别是中小企业要主动压缩超储积压存货，使储备资金转化为流动资金；积极加强市场调查，分析市场行情，及时处理积压的库存商品，盘活存量资金，将闲置的商品和固定资产变现，改变资金结构的不合理分布。

当然，企业还可以拓宽融资渠道，充分利用各种融资方式，不断提高和挖掘企业内部的融资能力，避免对银行贷款过度依赖。

供应链金融

2017年，沉寂了一年多的供应链金融终于有了枯木逢春的迹象。

从2017年下半年开始，传统的商业银行、行业龙头、B2B平台、供应链公司、物流公司、信息化服务商等玩家，同时开始布局供应链金融领域。

所谓供应链金融，就是在一个产业链条中，任何一家企业都可以用自己的资产去融资，这些资产可以是应收账款、不动产、动产、票据，甚至是存货。

供应链金融主要有3种模式：核心企业模式、电商模式和物流公司模式。

我们首先来看核心企业模式。核心企业就像上下游的堤坝，是产业链中的重要枢纽。对它们而言，从事供应链金融有天生优势。比如，它们手中掌握了上下游企业的交易数据，几乎开启了上帝视角，如海尔集团、迪信通、苏宁等巨头，纷纷成立了自己的供应链金融公司，并试图用互联网的方式提高效率，改造行业。

其次是电商模式，这是另外一个能开启上帝视角的模式，京东就是一个典型案例。在京东供应链金融中盈利最多、最核心的终极武器，是账期。2011年，京东的平均账期为38天。但到了2017年，京东已要求大幅延长账期，在一些品类中，京东的账期甚至长达120天。举个例子，京东从商家那里进了1亿元的货，约定的账期是120天，但京东只花了 20 天就将货卖了出去，剩下的 100 天，1 亿元就留在京东的账户上。对于这些钱，京东如何激活变现？2013 年年底，京东发布了新的产品"京保贝"，作用就是将留在京东账户上的钱，提供给需要贷款的商家。左手倒右手，就赚取了利差。

最后是物流公司模式。供应链金融，也就是物流、信息流、资金流在产业链中的流动。物流本身就参与在供应链的运作、血液中，且在存货融资方面，有着天然的优势。而且物流公司不仅掌握了物流，还拥有信息、货物监管等优势。因此，即使货物被质押到物流公司，货物依然可以在这条产业链中流通，不影响借款企业的作业流程。比较典型的案例，就是顺丰金融。它在物流的基础上衍生出了一套供应链金融体系，比如针对上游供应商，有保理融资与订单融资，而针对企业客户，有融资租赁，针对顺丰仓和监管仓，有存货融资。

尽管供应链金融行业看起来一片欣欣向荣，但供应链金融就如一块肉骨头，有肉，但实在不好啃。目前，行业中的头部玩家，互联网巨头如阿里巴巴、京东，传统大企业如海尔、TCL、苏宁等，都在原有的业务基础上，不停地积累自己的行业壁垒，并从供应链金融服务中获得不菲的利润增长点。而近 2 年进入的创业公司，大部分却活得比较艰难。这部分公司，面临着资金缺乏、拓展成本高、管理团队难等难题，天花板较低。

8.7　固定资产管理

企业提升流动资产管理效率的方法，简而言之，就是"缩短"各种流动资产的周期。而企业提升固定资产营运效率的方法与提升流动资产管理效率的方法恰恰相反，是"延长"固定资产的使用周期。这是什么原因呢？

假设你拥有一部价值2000元的手机，原本打算只使用1年，那么每年的使用成本就是2000元；由于平时你使用和保养时都很注意，结果使用了2年，因为使用时间延长了1倍，所以1年的使用成本降到了1000元，利润便增加了1000元。这就是通过"延长"固定资产使用周期提升固定资产营运效率的原因。

固定资产周转率的计算公式如下：

$$固定资产周转率 = \frac{销售收入}{(期初固定资产净值 + 期末固定资产净值)/2}$$

固定资产周转率是指在一个会计年度内固定资产周转的次数，表示每1元固定资产支持的销售收入，这个数字和其他的周转率一样，越大越好。固定资产周转率的计算公式包括两层含义。

第一，如果条件允许，企业对固定资产的投入越少越好，甚至可以不投入任何固定资产。

固定资产是指企业用于生产、制造和运营的厂房与机械设备等设施。在现代企业里，制造不再是产生高附加值的地方，相反，它们的回报来自对客户需求的了解、设计和分销。正是对于这一点的精准把握，**耐克开创了"哑铃式"商业结构的先河**，放弃了生产和制造环节，只保留了企业中增值最大的技术研发和销售功能，而将其他的功能虚拟化——通过各种方式结合外力进行整合弥补，从而使得耐克成为那个年代世界上唯一一家没有制鞋车间的鞋业公司。

正是因为这样的架构，耐克的固定资产投入非常少，它将更多的精力投入设计和开发新产品以及管理与发展销售体系上（它们的附加值较高），具体生产则承包给劳动力成本低廉的国家和地区的厂家，以此降低生产成本，清除一般企业都可能碰到的经济障碍。耐克公司的经理坐着飞机来往于世界各地，把设计好的样品和图纸交给不知名的生产商，要求它们根据耐克的标准体系和设计要求进行生产，最后验收产品，贴上"耐克"的商标，销售到每个喜爱耐克品牌的消费者手中。实质上耐克的模式是一个品牌运营商的模式：只有数千人，没有自己的工厂，但拥有两个无价的网络，即前端的开发网络和后端的营销网络。今天这种被广泛认知的"耐克模式"，在高科技行业中也被广泛模仿和应用，最成功的两家企业莫过于苹果和戴尔。

第二，通过延长固定资产使用周期，尽可能降低固定资产的净值，从而提高固定资产的营运效率。

什么样的公司才是好公司？我曾经带着这个疑问和PE的朋友一起去走访他们准备投资的目标企业。PE的朋友告诉我，除了解读财务报表、分析企业产品前景以外，他们在走访这些企业时，尤其是生产制造型企业，主要关注两个事项：一是加不加班；二是生产环境是不是整洁有序。我很好奇为什么要关注这两个事项，他的回答很简单：加班，说明这家企业生产同样一件商品，分摊到的固定资产的使用成本更低，商品的利润率就更高，同时固定资产使用效率一定比不加班的企业更高。既加班，生产环境又整洁有序，那就说明该企业不仅固定资产周转率管理得好，而且生产现场管理也高效有序，这就是好企业。多么简单朴素的道理啊！

其实想想身边这样的商业案例并不在少数。麦当劳和肯德基的早餐、下午茶以及24小时餐厅就是运用了相同的原理。餐厅和餐厅里的设备作为固定资产，之前除了在原本正常的中午和晚饭时段会被利用之外，剩余时段根本没有被利用或充分利用，所以分摊到每个产品上的成本就会更高。当餐厅和设备的使用时间被延长时，销售收入就会增加,自然分摊到每个产品上的成本就会减少,利润就会增加,这就是延长固定资产使用周期的作用。同样地,我们常去的星巴克咖啡馆,原本在中午和晚饭时段生意是最清淡的,但星巴克适时推出三明治、蛋糕等食物,吸引顾客来消费午餐和晚餐,延长了固定资产的实际使用时间,提升了销售收入,摊薄了营运成本,从而提升了利润和营运效率。

8.8 总资产运营效率

8.8.1 总资产周转率

前面我们已经分析了提升流动资产(应收账款、存货和货币资金)以及固定资产的营运效率的方法,这里我们将对企业资产营运效率做一个总结。以下是企业总资产营运效率的计算公式。

$$总资产周转率 = \frac{销售收入}{(期初总资产 + 期末总资产)/2}$$

总资产周转率是综合评价企业全部资产的经营质量和利用效率的重要指标。总资产周转率越大,说明总资产周转得越快,销售能力和营运能力越强。在此基础上,我们应进一步从各个构成要素(应收账款、存货、货币资金和固定资产等要素)进行分析,以便查明总资产周转率升降的原因。

中国传统的商业逻辑"薄利多销"正是运用了资产周转率的科学管理理念。如图 8-8 所示,在第一次销售循环中,货币资金周转了 1 次,获得利润 50 元,利润率为 50%;在第二次销售循环中,通过降低售价,将货币资金周转率提高到 2 次,最终获得利润 96 元,利润率提升到

96%，几乎比第一次销售循环产生的利润提升了1倍。"薄利多销"正是通过降低利润、提高销量、加速资产周转的方法，带来利润绝对额的增加。

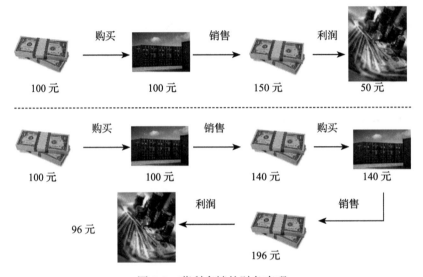

图8-8　薄利多销的财务表现

提升企业资产周转率，就是提升企业的营运效率，而提升营运效率的最终目的是提升企业的业绩和利润。所以资产周转率是企业监控管理和营运效率的最优工具。

此外，不同的财务报表使用人衡量与分析资产运用效率的目的各不相同。投资者通过资产运用效率分析，来判断企业财务的安全性及资产的收益能力，以进行相应的投资决策。债权人通过资产运用效率分析，有助于判明其债权的物质保障程度或安全性，从而进行相应的信用决策。管理者通过资产运用效率分析，可以发现闲置资产和利用不充分的资产，从而处理闲置资产以节约资金，或提高资产利用效率以改善经营业绩。

8.8.2 万科稳中求胜

房地产从"黄金时代"到"白银时代",行业龙头从"招保万金"轮换成"碧万恒融",而万科始终坚挺在第一梯队,在万亿交椅争夺中,万科也是最有实力的竞争者之一。在成为并维持行业龙头的过程中,面对行业环境及发展趋势的变化,万科较强的营运能力是其不断保持高位发展的重要支撑。

万科从之前追求开发量和结算面积转向重视利润、收益率等品质化经营,效益被推至重要位置。为了提高存货周转率和资金使用效率,万科对土地支出一向较为审慎,根据土地出让政策适时地改变拿地节奏,最为明显的是从 2010 年开始,万科的存货和总资产周转率连续 7 年领先于竞争对手(见图 8-9)。

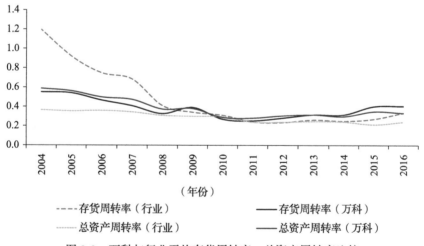

图 8-9 万科与行业平均存货周转率、总资产周转率比较

随着地价的攀升,万科合作拿地的比例不断提高。在此阶段,万科的净资产收益率也不断改善,尤其是 2008～2016 年,净资产收益率(ROE)基本呈现稳定上升态势(见图 8-10)。与同行业的企业相比,万

科的运营效率凸显，盈利方面也保持在行业平均水平之上，这艘2000亿元的航母正行驶得越来越稳健。

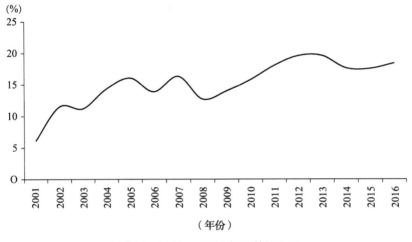

图 8-10　2001～2016 年万科的 ROE

| 第 9 章 |

盈 利 能 力

9.1 盈利是发展的垫脚石

2018年开春,宝马集团(简称宝马)董事彼得博士在众多媒体上表示将提高宝马的研发支出,并且达到迄今最高水平,推出全新的产品,为公司的销量增长提供更多的动力。要知道就在2017年,宝马研发支出新增10亿欧元,同比增加了18%。在全球车企研发投入鲜有两位数增长的大背景下,宝马在研发投入上的支出已经让其成为全球"研发支出最高"的汽车企业之一。那么,宝马是依靠什么成为一个研发能力最强的汽车企业的呢?

答案就是强劲的盈利能力,这也是宝马董事彼得博士重点提出的支撑研发支出增长的重要原因。

我们具体来看看宝马的财务数据。2017年,宝马全年营业收入达到987亿欧元,税前利润达到107亿欧元。宝马在2017年的研发支出为61亿欧元,相比2016年50多亿欧元的投入,提升了18%。另外,宝马的整体财报显示,2017年研发投入新增10亿欧元后,该项支出占总收入的百分比已上升至 6.2%。

相比宝马近几年逐步快速增加的研发支出，目前全球很多主流汽车制造商也不断地增加研发投入，但投入金额却未能达到每年近 10 亿欧元的增长。

我们把目光聚焦到宝马的盈利能力上，宝马在 2017 年的收入再创新高，达到 987 亿欧元，税前利润为 107 亿欧元。在体现一家公司自有资金状况的息税前利润率指标上，宝马连续 8 年保持在 10% 左右。这也直接反映出宝马的自有资金十分健康，已经成为汽车行业中盈利能力最强的公司之一，自然可以对研发投入实施可控支配。

优秀的盈利能力不仅让宝马成为全球汽车研发投入最大的企业之一，也让宝马从"盈利最强的汽车企业"逐渐发展成为"研发投入最强的汽车企业"。连续 8 年，宝马实现销量、收入和利润增长。

9.2 毛利率：企业利润的"起点"

盈利能力是指公司赚取利润的能力，它是反映企业价值的一个重要指标。企业的盈利能力越强，给予股东的回报就越高，企业价值就越大；如果企业连年亏损，盈利能力就越弱，企业无法给予股东回报，则企业价值就越小。**我们通常用毛利率、净利润率以及净资产收益率来衡量企业的盈利能力。**

毛利是产品销售收入与产品成本之差；毛利率就是毛利占产品销售收入的比例。毛利率代表了产品的盈利能力和市场竞争力。毛利率的计算公式如下：

$$\text{毛利率} = \frac{\text{毛利}}{\text{产品销售收入}} = \frac{\text{产品销售收入} - \text{产品成本}}{\text{产品销售收入}}$$

毛利率是评价企业盈利能力的关键经营指标之一，毛利率之所以重要，是因为它反映了企业产品销售的初始获利能力，是企业利润的"起点"，没有足够高的毛利率，企业便不可能形成较大的盈利。

企业的所有人包括管理者都是理性的"经济人"，不可能做亏本的生意。毛利是企业经营获利的基础。企业要盈利，首先要获得足够的毛利，毛利额大，毛利率高，利润总额才有可能高。下面我们来看一些行业的毛利情况分析（见图9-1）。

白酒行业是典型的高毛利行业。以茅台酒为例，茅台酒的毛利高达85%。因为毛利高，所以茅台酒的净利润也相当高，净利润率接近50%。销售一瓶零售价为1200元的茅台酒，贵州茅台可以赚取接近600元的净利润，所以贵州茅台因为其超强的盈利能力，成为中国股市中股价最高的公司，曾经一度高达990元/股，受到投资者的追捧。

图书行业也是毛利相对较高的行业。以一本价格为28元的图书为例，印刷费和纸张成本大约为7元，是书价的25%；作者的版税大致为8%，2.2元左右。一本图书的成本大致是书价的1/3，毛利率约为65%，所以图书行业也属于毛利较高的行业。

我们将白酒行业和图书行业进行比较，不难发现，白酒行业的上市公司数量不在少数，而上市的图书公司却非常少，这是什么原因呢？图书的毛利也很高，但投资者为什么不看好图书公司的投资价值呢？原因只有一个：白酒的定价远高于图书。定价超过每瓶100元的白酒不在少数，并且每瓶100元的白酒也不算特别贵的酒，茅台、五粮液的低端酒的价格每瓶都超过100元，而定价超过每本100元的图书则为数不多。定价低导致了图书的销售收入规模和盈利规模都要远远小于白酒。投资者喜欢高毛利的同时，更喜欢定价高的商品，这样才能有更快和更好的盈利。在图书行业中，其实最惨的是作者。通常情况下，一本

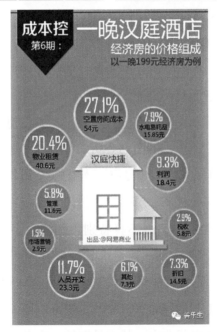

图 9-1　茅台、一般图书、汉庭酒店的毛利率对比

书作者至少要写上 3 个月甚至更久，按照目前图书行业通行的签约标准：1 万本起印量，50 元的定价，扣除个人所得税后，一个作者辛苦工作 3 个月的收入也不会超过 4 万元，这也是成功的作者寥寥无几的原因。

经济型酒店行业属于毛利相对不高的行业。以一间定价为 199 元的经济型酒店房间为例，租金成本大致为房间价格的 20%，水电和消耗品成本为 8%，酒店服务人员的人力成本为 12%，酒店装修和设施折旧成本为 7%，这些成本已经占了全部定价的 47%。而占比最大的是酒店的空置成本，大约占到定价的 27%。这样仔细一算，经济型酒店的毛利率只有 25% 左右，除去管理和推广费用以及相关税费，经济型酒店的净利润率只有 10% 左右。通过上述的分析，我们不难发现，经济型酒店要提高毛利率和净利润率，必须从降低空置成本入手，这也就是所有经济型酒店要推出"特价钟点房"的重要原因。

我们在做毛利分析时，首先需要与同行业企业进行比较，如果公司的毛利率显著高于同行业水平，则说明公司产品的附加值高，产品定价高，或与同行比较，公司存在成本上的优势，有竞争力。同时我们还要与历史数据进行比较，如果公司的毛利率显著提高，有可能是公司所在的行业处于复苏时期，产品价格大幅上升。相反，如果公司的毛利率显著降低，则可能是公司所在行业竞争激烈，毛利率下降往往伴随着价格战的爆发或成本的失控，这种情况预示着产品盈利能力的下降。

9.3　净利润率：企业实际的盈利能力

净利润率是反映企业盈利能力的另外一项重要的财务指标，是扣除所有成本、费用和企业所得税后的利润率。

$$净利润率 = \frac{净利润}{销售收入} = \frac{销售收入 - 成本 - 费用 - 所得税}{销售收入}$$

净利润率和毛利率的关系可以用以下公式表示。

$$净利润率 = \frac{销售收入 - 成本}{销售收入} - \frac{费用}{销售收入} - \frac{所得税}{销售收入}$$

$$= 毛利率 - 费用率 - 税率$$

净利润率是一个综合性指标，它等于毛利率扣除企业的费用率和税率。其中，毛利率反映了产品的盈利能力和竞争力，毛利率越高，说明产品的竞争力和盈利能力越强。费用率则代表企业的营运效率，费用率越低越好，费用率越低说明企业的营运效率越高。企业税率一般是固定的，在企业投资时确定。如果一家企业，它的毛利率高、费用率低，那么它的净利润率就会高，也说明企业的产品盈利能力强，经营效率高，企业价值高。

我们分析净利润率时，不应该简单地分析净利润率这个数值本身，而应当**着重分析净利润率的两个重要的组成部分：毛利率和费用率**。通过分析毛利率和费用率，找出提升净利润率的方法和途径。

以白酒行业为例，其产品的毛利率已经相当高了，提升的空间并不是很大，但经销费用却占到了销售收入的33%，如果要提升净利润率，从降低经销费用入手会比提高毛利率容易得多。所以，很多白酒公司为了降低经销费用，降低了代理商和经销商的门槛，扩大了代理商的范围。

以图书行业为例，其毛利率高达65%，再次提升的空间并不大，但零售商费用却占到销售收入的30%，如果可以降低销售费用，图书的净利润率可以大幅提高。所以网络售书渠道成为现在图书销售的主流渠道。

净利润的绝对额增减变动，并不足以反映公司盈利状况的变化，还需要结合销售收入的变动。如果销售收入增长率快于净利润增长率，则公司的净利润率会出现下降，这说明公司的盈利能力在下降，相反，如果净利润增长快于销售收入，则净利润率会提升，这说明公司的盈利能力在增强。所以，净利润率比净利润更能说明问题。但是，如果净利润中存在大量非经常性损益、非主营收入以及所得税变动，这样的净利润率质量会下降，不能完全反映公司业务的盈利状况。

9.4 净资产收益率：ROE

净资产收益率，是税后净利润除以净资产（股东权益）得到的百分比。它代表了股东投入的每1元钱可以得到的投资回报，反映了股东权益的收益水平，用以衡量企业运用自有资本的效率。净资产收益率越高，说明公司为股东带来的回报越高。净资产收益率越低，说明企业所有者权益的获利能力越弱。

$$净资产收益率 = \frac{税后净利润}{(期末净资产 + 期初净资产)/2}$$

从企业的管理者使用会计信息的角度看，净资产收益率反映了过去一年的综合管理水平，对于管理者总结过去、制订经营决策意义重大。很多企业股东对企业管理者的业绩进行评价用的就是这个指标。在我国金融管理体系中，净资产收益率也是重要的监管指标，是上市公司IPO的硬性考核指标。2006年4月26日中国证券监督管理委员会第178次主席办公会议审议通过、2006年5月8日起施行的《上市公司证券发行管理办法》第十三条第一款中指出，向不特定对象公开募集股份（简称"增发"），还应当符合下列规定：（一）三个会计年度加权平均净资产收益率平均不低于6%。

净资产收益率是反映企业价值的综合性很强的重要指标。因此，在分析净资产收益率时，我们会把它拆解成以下几部分：

$$净资产收益率 = \frac{净利润}{销售收入} \times \frac{销售收入}{总资产} \times \frac{总资产}{股东权益}$$

$$= 净利润率 \times 总资产周转率 \times 权益乘数$$

当把净资产收益率拆解以后，我们会发现影响**净资产收益率的有三项重要指标：净利润率、总资产周转率和权益乘数**。净利润率代表产品的盈利情况；总资产周转率代表企业的营运效率；权益乘数则代表企业的资金杠杆的运用能力。三项指标互为乘数效应，提高这三项指标就能提高净资产收益率，从而提升股东回报和企业价值。所以**管理净资产收益率的真实含义就是管理好企业的价值，也就是管理好企业的产品、效率和财力**。

企业的价值 = 产品 × 效率 × 财力

净资产收益率 = 净利润率 × 总资产周转率 × 权益乘数

杜邦分析法（DuPont Analysis）是一种比较通用和经典的用来分析净资产收益率的方法。由于这种分析方法最早由美国杜邦公司使用，故名为杜邦分析法。它利用几种主要的财务比率之间的关系来综合分析企业的财务状况。具体来说，它是用来评价公司盈利能力和股东权益回报水平的，是从财务角度评价企业绩效的一种经典方法。其基本思想是将企业净资产收益率逐级分解为多项财务比率的乘积，这样有助于企业管理者深入分析比较企业的经营业绩。

杜邦模型最显著的特点是将若干个用以评价企业经营效率和财务状况的比率按其内在联系有机地结合起来，形成一个完整的指标体系，并最终通过净资产收益率来综合反映。采用杜邦模型，可使财务比率分析的层次更清晰、条理更突出，为企业管理者全面、仔细地了解企业的经营和盈利状况提供方便。杜邦分析法有助于企业管理层更加清晰地看到影响净资产收益率的决定因素,以及销售净利率、总资产周转率与债务比率之间的相互关系,给管理层提供了一幅明晰的考察公司资产管理效率和公司对股东投入资本的利用效率的路线图。杜邦模型如图9-2所示。

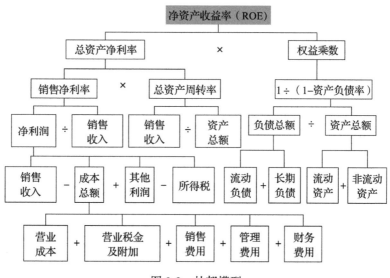

图9-2　杜邦模型

杜邦分析法的基本思路是,以净资产收益率为系统的核心和起点,通过对总资产周转率、销售净利润率和权益乘数这三项重要财务指标进行拆解,分析影响企业的产品、营运效率和财力等关键因素与财物指标,寻求提升企业价值的途径和解决方案。

总资产周转率反映企业资产的周转速度和营运管理效率。分析资产周转率,需要我们对影响资产周转的各项因素进行分析,以判明影响公司资产周转的主要问题。销售净利率反映了产品销售收入的收益水平和产品的盈利能力。扩大销售收入、降低成本费用是提高企业销售利润率的根本途径,而扩大销售同时也是提高资产周转率的必要条件和途径。权益乘数则表示企业的负债程度和投融资能力,反映了公司利用财务杠杆进行经营活动的程度。资产负债率越高，权益乘数就越大，企业负债程度也就越高，企业会有较多的杠杆利益，但风险很高；反之，资产负债率越低，权益乘数就越小，企业负债程度也就越低，企业会有较少的杠杆利益，相应地，其所承担的风险也低。

杜邦分析法的步骤从净资产收益率开始，根据资产负债表和利润表上的主要财务指标逐步分解计算各指标，将计算出的指标填入杜邦分析图，然后逐步进行前后期对比分析，再进一步进行企业间的横向对比分析，从而找出解决企业问题和提升价值的方法。

采用杜邦分析法，可使财务比率分析的层次更清晰、条理更突出，为财务报表分析者全面、仔细地了解企业的经营和盈利状况提供了方便。

9.5 杜邦分析法案例

在第 7.1 节中，我们从经营角度分析了乐视网的困局，面对 14 个跌停，市值跌去 3/4，对于乐视网的投资者来说着实悲惨。那么有没有一套系统性的办法，可以帮助投资者避免未来再次投资失败呢？答案是有的。现在我们就用传统的杜邦分析法来扫一扫乐视网这颗"雷"。股票是否值得投资，最终还是要靠财务数据说话。

把时间的镜头切换到 2017 年年初，乐视网公布了 2016 年度的财务报告。我们现在就根据相关报表数据，利用杜邦分析法，对乐视网实施的生态系统战略下的财务绩效进行综合分析（见图 9-3，上方白框中的数字为 2016 年年末数据，下方灰框中的数字为 2015 年年末数据）。

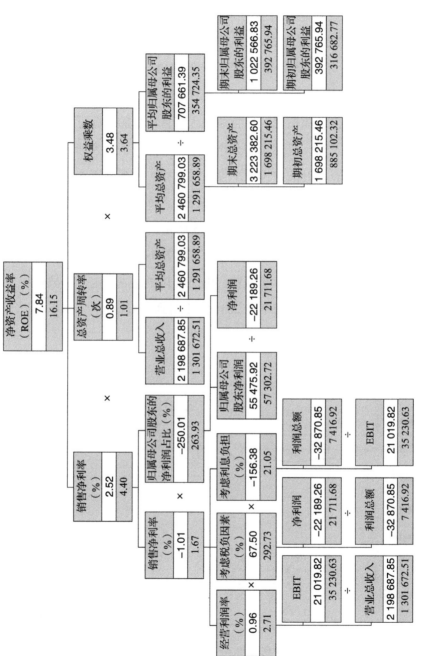

图 9-3 乐视网 2016 年财务绩效杜邦分析（单位：万元）

首先是基于盈利能力角度的分析，乐视网净利润在 2016 年年末呈大幅亏损，同比增速早在 2016 年第二季度就出现了下滑（见图 9-4）。更为恐怖的是，乐视网的经营利润率自 2013 年开始就逐年下滑，到 2016 年年底更是创下历史最低，出现了亏损（见图 9-5），这样大幅度跳板式的下滑让人匪夷所思。在营业收入保持增长的情况下，利润出现了如此大幅度的下滑，只能说明公司成本控制出现了巨大问题。沿着这条线索，我们从资本开支中发现了惊人的真相。乐视网资本开支逐年递增，并且远超经营活动产生的现金净流量，特别是在 2016 年年末，公司资本开支达到了历史最高点，约为 55 亿元。而与此同时，乐视网的经营活动产生的现金净流量为 –10 亿元（见图 9-6）。这一切都是由于乐视网涉足云计算和超级汽车新领域，再加上其"低成本定价"战略导致的，因此最终公司的净利润率在 2016 年下滑到 2.52%。

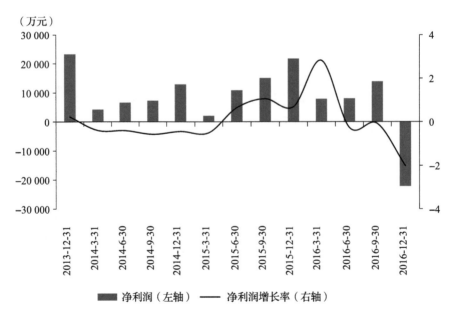

图 9-4　乐视网的净利润和净利润增长率（2013～2016 年）

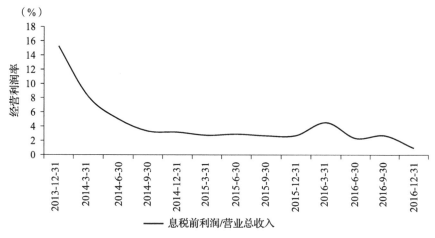

图 9-5　乐视网的经营利润率（2013～2016 年）

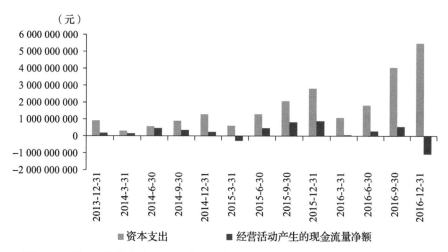

图 9-6　乐视网的资本支出和经营活动产生的现金流量净额（2013～2016 年）

接下来，分析乐视网的营运能力。我们发现，2016 年乐视网的总资产周转率达到了近 3 年的最低值（见图 9-7），这说明企业对资产的利用效率出现了问题，企业的营运能力存在隐患。在总资产增长 2 倍的基础上，营业收入的增长并没有跟上，这说明企业在实施生态垂直战略的过程中，业务拓展遇到了瓶颈，没能高效利用资产。

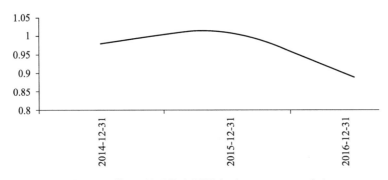

图 9-7　乐视网的总资产周转率（2014～2016 年）

从权益乘数的角度分析，乐视网的权益乘数数值逐年攀升（见图 9-8）。权益乘数等于资产总额除以净资产，主要受资产负债率影响。负债比率越大，权益乘数越高。乐视网 2016 年上半年的权益乘数同比大幅增长接近 2 倍，这说明公司的财务杠杆越来越高，并且居高不下，企业经营风险巨大，乐视网已危机重重。贾跃亭在 2017 年上半年的股东大会上表示"风波远比想象的更大"，并直接表示在用账上的资金归还金融机构的欠款之后，没有获得金融机构的后续资金支持。

图 9-8　乐视网的权益乘数（2010 年 9 月 30 日至 2016 年 12 月 31 日）

从图 9-9 中我们可以看出，乐视网的净资产收益率指标的拐点出现在 2016 年，2017 年出现了断崖式下跌。

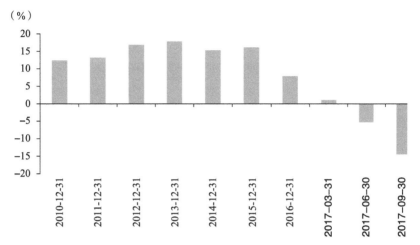

图 9-9　乐视网的净资产收益率（ROE）（2010 年 12 月 31 日至 2017 年 9 月 30 日）

通过杜邦分析，我们似乎发现乐视网沦落到如此悲惨的境地是有迹可循的。净利润大幅下滑，资本支出远超现金净流量，这些都是直接从财务报表上就能看到的引爆乐视网崩盘的伏笔。这同时也告诉我们，现场演讲做得再好，远没有财务数据来得真实。

| 第 10 章 |

偿债能力

偿债能力是指企业偿还到期债务（包含本金及利息）的能力。能否及时偿还到期债务，是企业财务状况好坏的重要标志，关系到企业的生死。在很多关于财务分析的教科书中，偿债能力的内容往往放在第一章第一节，以显示它的重要性。不过，从企业管理者的角度出发，偿债能力作为一个衡量企业生存的重要指标固然重要，但是与企业的发展相比，我们还是将它放在企业财务关键能力的最后一项。

偿付能力不仅代表了企业偿还到期债务的能力，更代表了企业对现金流的管理能力，很多企业的倒闭往往是源于资金流的断裂，也就是源于自身偿债能力的失控。通过对偿债能力的分析，我们可以考察企业持续经营的能力和风险，以及预测企业未来的收益。

10.1 史玉柱：成功的失败者

20世纪80年代末90年代初，"万元户""暴发户"中的很多人并没有太高的学历，但史玉柱这位曾经的高考状元、浙江大学数学系的研究生，在 1989 年辞职创业，来到中国改革开放的最前沿——深圳。除了梦想外，他当时的全部家当只有东挪西借的 4000 元以及耗费了 9 个多月开发出来的桌面排版印刷系统，他获得的创业第一桶金靠得就是一次大胆的冒险。当时的杂志是可以先打广告后收钱的，所以史玉柱利用了这样一个时间差，用自己手上的 4000 元为自己的桌面排版印刷系统做了一个 8400 元的广告，也就是说，他还倒欠杂志社 4400 元。这个数字现在听起来不算多，但在当时这个冒险的成本很大。这个广告打出 4 个月之后，史玉柱赚到了 100 万元。拿着这笔钱，他以当时的蓝色巨人 IBM 为目标，创办了巨人公司，他的目标是要做中国的 IBM。自此"巨人"开始一路高歌猛进。

1995 年，巨人的资产已经达到了 8 亿元，开始走上一条多元化经营的发展道路——进军房地产和生物工程领域，而这一年史玉柱才 33 岁。巨人耗资 12 亿元建造了一座高 78 层的巨人大厦作为珠海的标志性建筑。但仅仅两年之后，史玉柱连去看一眼巨人大厦的勇气都没有。史玉柱要盖中国第一高楼，但是盖楼的钱远远超出了他的预估，他的现金流断了，各路债主纷纷上门，一夜之间，史玉柱背上了 2.5 亿元的债务。从《福布斯》富豪榜上的第 8 位一下跌成了中国最穷的人，并且从此销声匿迹。这到底是怎么一回事？我们来仔细分析。

在投资决策方面，史玉柱有他独到的眼光，无论是创始之初投资的电脑事业，还是后来在发展中投资的房地产和生物工程产业，都是在这些行业发展之初并且有很大的市场前景和发展潜力的时候进行的投资。所以说，巨人当时的投资方向总体来说还是对的。

从多元化经营的运作和设计思路来看，巨人的思路也很有独到性。从巨人大厦的资金运作方式来看，史玉柱用在香港和内地卖楼所筹得的 1.2 亿元发展生物工程，生物工程所赚的利润反哺巨人大厦。在巨人大厦初具规模时，史玉柱确定开发、生产、营销之间的比例原则为2∶1∶7，将生物工程的生产这一环节抛出去以租赁和委托加工的方式与十几个厂家合作，这样就使生物工程的启动有了充足的资金。

既然决策方向没有错，运作思路也没有错，为什么巨人会突然陷入困境呢？主要问题就出在巨人的偿债能力上。巨人大厦本来只盖18层，但是当时在领导的鼓励中和众人的热捧下，史玉柱头脑一热、一拍桌子就说自己要盖78层，投资从2亿元猛增到了12亿元，巨人大厦的资金缺口马上就出现了。由于史玉柱在一开始就没有和银行建立良好的信贷关系，因此当国家货币紧缩政策开始后，巨人难以向银行借到钱。这样，一头自有资金断线，一头贷款没着落，两头一逼，财务危机自然产生了。同时，巨人对生物工程产业抽调资金过多，使得生物工程产业"严重贫血"，巨人失去了唯一的资金来源，陷入破产、倒闭的困境。

当然故事到这里并没有结束。1998年，史玉柱重新回到了原本就建立了较好根基的保健品市场。史玉柱仍不舍"巨人"的浪漫主义情结，借用音译的"Giant"（巨人）作为公司名，很快注册成立了上海健特公司，并开始做保健品，从此就有了全国人民都熟悉的"脑白金"。2004年，史玉柱成立了上海征途网络科技有限公司，推出了国内第一款免费的网络游戏《征途》。2007年，改名后的巨人网络集团（简称巨人网络）成功登陆美国纽约证券交易所，开盘价为18.25美元/股，超过发行价17.74%，史玉柱的身价突破500亿元。此次巨人网络上市，直接造就了21个亿万富翁、186个百万和千万富翁。像平常一样，史玉柱依然是一身白色运动服打扮，而穿运动服到纽交所敲上市锣的，他还是第一人。

史玉柱第一次破产倒闭的经历源于他对于偿债能力的不重视。在后期的"脑白金"和"巨人网络"的二次创业中，他汲取了之前的经验教训，让巨人成功上市。史玉柱跌宕起伏的故事就是一个企业偿债能力管理的真实写照。

10.2　企业长期偿债能力：资产负债率

企业偿债能力包括短期偿债能力和长期偿债能力两个方面。我们通常用资产负债率代表企业的长期偿债能力，流动比率和速动比率代表企业的短期偿债能力。

资产负债率是负债总额除以资产总额的百分比，也就是负债总额与资产总额的比例关系。资产负债率反映在总资产中有多大比例是通过借债来筹资的，是评价公司负债水平的综合指标，也是一项衡量公司利用债权人资金进行经营活动能力的指标，它反映了债权人发放贷款的安全程度。资产负债率计算公式如下：

$$资产负债率 = \frac{负债}{总资产}$$

资产负债率决定了之前我们讲解的盈利能力的重要构成指标之一——权益乘数。资产负债率越高，权益乘数越高。如果企业有利润，则净资产收益率就会更高，企业的盈利能力得到了增强。如果企业出现亏损，则净资产收益率就会更低，企业会承受因高负债所带来的更高的财务借贷成本。

尽管资产负债率的计算公式看似简单，但在分析时只有从不同使用者的角度去解读，才能对企业的经营情况有清晰的认识，才能做出正确的决策。从债权人的角度看，资产负债率越低越好。对投资人或股东来说，资产负债率较高可能会带来一定的好处。从经营者的角度看，他们最关心的是在充分利用借入资金给企业带来好处的同时，尽可能降低财务风险。企业的资产负债率应在不发生偿债危机的情况下，尽可能达到更高。

10.2.1 债权人视角

从债权人的立场看，他们最关心的是各种融资方式的安全程度以及是否能够按期收回本金和利息。资产负债率反映债权人所提供的资金占全部资金的比重，以及企业资产对债权人权益的保障程度。这一比率越低（50% 以下），表明企业的偿债能力越强。如果股东提供的资本与企业资产总额相比，只占较小的比例，则企业的风险主要由债权人负担，这对债权人来讲是不利的。因为企业的股东一般只承担有限责任，而一旦公司破产清算，资产变现所得很可能低于其账面价值。所以如果此指标过高，债权人则可能遭受损失。当资产负债率大于 100% 时，表明公司已经资不抵债了，对于债权人来说风险非常大。因此，债权人希望资产负债率越低越好，这样企业偿债有保证，融给企业的资金不会有太大的风险。

通常情况下，资产在破产拍卖时的售价可能不到账面价值的 50%，因此如果资产负债率高于 50%，则债权人的利益就可能缺乏保障。各类资产变现能力有显著区别，房地产的变现价值损失小，专用设备则难以变现，存货往往要视具体情况和类别而定。银行也是根据资产变现能力这个原则开展企业信贷业务的。一般房地产在银行可以抵押贷款到评估市值的 70%，而机器设备往往很难贷到款，存货则要视具体情况和类别以及市场评估结果综合考虑后而给予贷款额度。通常情况下，银行偏爱资产质量良好、信用状况良好、财务信息披露透明以及经营状况良好的企业，因此经营及信用状况良好的上市公司和国企颇受银行欢迎。通常情况下，银行认为，企业的资产负债率的适宜水平是 40% ～ 60%，一般不会和资产负债率超过 70% 的企业开展贷款方面的业务合作。

10.2.2 投资者（股东）视角

从投资者的立场看，由于企业通过举债筹措的资金与股东提供的资金在经营中发挥同样的作用，所以投资者所关心的是全部资本利润率是否超过借入资本的利率，即借入资本的代价。假使全部资本利润率超过利息率，投资者所得到的利润就会增多，相反，如果全部资本利润率低于借入资金利息率，那么投资者所得到的利润就会减少，对投资者不利。因为借入资本所产生的多余的利息要用投资者所得的利润份额来弥补，因此从投资者的立场看，在全部资本利润率高于借入资本利息的前提下，投资者希望资产负债率越高越好，这样投资者所得到的利润就会增多，否则反之。

"债台高筑"对于企业而言，到底是好事情，还是坏事情？巴菲特认为，投资者购买的股票，其负债率一定要低；公司负债率越高，你的投资风险就越大。在他老人家看来，好公司是火，高负债是水，而太多的水会浇灭掉欲燃的火。美国《财富》杂志总结《财富》500 强企业，也得出结论：这些公司相对于本身能够支付利息的能力而言，负债很少。

不过，企业股东也常常采用举债经营的方式，以有限的资本，付出有限的代价来取得对企业的控制权，并且可以得到举债经营的杠杆利益。在财务分析中，资产负债率也因此被人们称为"财务杠杆"。

"财务杠杆"是否给企业经营带来正面或者负面影响，关键在于该企业的总资产利润率是否大于银行利率水平。当银行利率水平固定时，企业的盈利水平较高，股东就能得到更高的投资回报，财务杠杆就发挥了回报率放大的功能。当企业的盈利水平低，股东没有得到应有的报酬时，财务杠杆在此就对企业的经营业绩发挥了负面作用，抑制了企业的成长。造成这种结果的原因主要是企业的盈利能力低，借债资金利用率没有得到高效运作；企业没有重视内部经营管理，没有将有限的财务资源投资到企业最具有竞争力的业务上。

以闻名于江湖的"温州炒房团"为例。2007年，温州炒房团登陆上海，对上海市中心的几个楼盘进行大规模的收购。他们的购房资金基本都是从银行抵押贷款借入和民间募集的。温州炒房团的资产负债率高达100%。大致的融资模式是，80%的资金来自银行抵押贷款，利率为5%～6%，源于当时银行推出首付二成和贷款利率优惠的政策；20%的首付款来自民间私人集资，募集资金成本超过年化利率20%。短短一年以后，上海的房价几乎涨了100%。温州炒房团的总资产利润率远高于借款成本，财务杠杆发挥了巨大的乘数效应，温州炒房团的投资回报率自然更高。这就是温州炒房团的商业模式，也是财务杠杆的完美应用。

10.2.3 经营者视角

从经营者的立场看，如果举债数额很大，超出债权人的心理承受程度，企业就融不到资金。借入资金越大（当然不是盲目的借款），越显得企业活力充沛。因此，经营者希望资产负债率稍高些，通过举债经营，扩大生产规模，开拓市场，增强企业活力，获取较高的利润。如果企业不举债或负债比例很小，说明企业畏缩不前，对前途信心不足，利用债权人资本进行经营活动的能力很差。

从财务管理的角度来看，企业应当审时度势，通盘考虑，在利用资产负债率制订借入资本决策时，必须充分估计预期的利润和增加的风险，在两者之间权衡利害得失，做出正确和恰当的决策。

事实上，我们通过解读和分析上市公司资产负债率指标，可以读出上市公司的经营管理者的不同态度。有的公司资产负债率很高，是主动为之，代表的是一种扩张的野心，既然看好前景，那就不惜大举借债，大笔投入，当然，这也要看公司管理层的眼光是否准确，在上市公司中投入资金打"水漂"的事件也时有发生。然而，有的时候上市公司负债很高，是被动接受，代表的是一种生存压力。

举个例子，北京首都开发股份有限公司（简称首开股份）是北京的一家房地产公司。公司2017年中期的营业收入和利润都出现了下降，且幅度不小。其中首开股份的营业收入为112亿元，同比下降了10%；净利润接近3亿元，同比下降了66%。这背后的罪魁祸首就是高负债。

自2013年以来，首开股份显示出十分积极的扩张态度。首开股份的高管曾公开表示，将积极参与北京地块的竞标，重点加大京内土储。但北京不断高涨的地价给地产公司带来的资金压力也不可避免，这使得公司负债率本来就不低的财务状况雪上加霜。

2013年，首开股份的资产负债率为83%，同比增长了3%左右。而让外界耿耿于怀的是，2013年实现净利润13亿元，但年内的利息支出却高达32亿元，超出净利润的2倍还多。从财务报表中可以看出，首开股份的利息支出进行了资本化的处理，而有一部分进入了存货。

2015年和2016年，公司在北京地区的项目毛利率从51%降低至45%，北京以外地区的项目毛利率从30%降低至25%。一方面公司的毛利率、净利润在下降，另一方面公司的各项成本却在攀升。

自2016年以来，全国大范围地严管楼市以及收紧银行贷款，首开股份不得不借助多种形式的融资进行及时"补血"，希望以此扩大融资，改善现金流状况。

从公司2017年年中报数据来看，首开股份获得各银行金融机构授信总额有 866 亿元，已使用银行授信总额为 404 亿元。也就是说，首开股份当年累计新增借款已经超过上年末净资产的 20%。

一直以来，首开股份负债率均处于高水平。2013～2016 年，首开股份的负债率常年在 80% 左右徘徊。以 2017 年年中报数据来看，公司资产负债率为 81.13%，相比去年同比增长 1.53%，本期内带息负债和其他应付款及预收账款大幅增加，甚至包括"永续债"。

永续债，简而言之就是没有明确到期日的债券，投资者购买永续债可以定期获得利息，但本金却是由发行者自主决定何时赎回。永续债在国外存在的时间很久，但在国内被认可却是近些年的事情。恒大是房地产行业里"第一个吃螃蟹的人"，随着恒大试水永续债，各大地产企业也纷纷跟进，一时间，永续债成了一种炙手可热的融资方式。

首开股份于 2015～2017 年发行了永续债。永续债拖累了首开股份的盈利，从首开股份 2017 年年报数据中可以看出，归属于上市公司股东的净利润大约为 19 亿元，而永续债占据公司净利润大约为 5 亿元。在不断加码的楼市调控政策下，公司的库存不断升高，严重影响到首开股份的回款，增加了开发成本。

尽管地产行业的资产负债率普遍偏高，首开股份财务杠杆仍不属于高危区域，但是其财务压力较大，财务杠杆仍然过高，需要加速去杠杆回笼资金或再融资支持。

由此可见，在企业管理中，资产负债率的高低也不是一成不变的，要看从什么角度分析，债权人、投资者（或股东）、经营者各不相同；也要看国内外经济大环境是处于顶峰回落期还是见底回升期；还要看管理层是激进者、中庸者还是保守者。所以针对资产负债率而言，并不存在统一的标准，但是对于普通企业来说，一般地资产负债率的适宜水平是 40%～60%，在这个水平时至少银行愿意借钱给你。

10.3 企业短期偿债能力：流动比率、速动比率

10.3.1 流动比率

企业资产的安全性应包括两个方面的内容：一是有相对稳定的现金流和流动资产比率；二是短期流动性比较强，不至于影响盈利的稳定性。因此，在分析企业资产的安全性时，应该从以下两个方面入手。

首先，企业资产的流动性越大，企业资产的安全性就越大。假如一家企业有 5000 万元的资产，第一种情况是，资产全部为设备；另一种情况是，60% 的资产为实物资产，其他的为各类金融资产。如果有一天该企业的资金发生周转困难，企业的资产中急需有一部分去兑现偿债时，哪一种情况更能迅速实现兑现呢？显然是后一种情况。因为流动资产比固定资产的流动性大，更重要的是有价证券便于到证券市场上出售，各种票据也容易到贴现市场上贴现。许多公司倒闭，问题往往不在于公司资产额太小或者亏损，而在于资金周转不过来，不能及时清偿债务。因此，资产的流动性就带来了资产的安全性问题。

其次，在流动性资产额与短期需要偿还的债务额之间，要有一个最低的比率。如果达不到这个比率，那么就应当或者增加流动资产额，或者减少短期内需要偿还的债务额。我们将这个监控资产流动性的比率称为流动比率。**流动比率是评价企业短期偿债能力较为常用的比率。**它可以衡量企业短期偿债能力的大小，它要求企业的流动资产在清偿完流动负债以后，还有余力来应付日常经营活动中的其他资金需要。

与资产负债率不同，流动比率是流动资产对流动负债的比率，用来衡量企业流动资产在短期债务到期以前，可以变为现金用于偿还负债的能力，它表明企业每 1 元流动负债有多少流动资产作为支付的保障。一般来说，比率越高，说明企业资产的变现能力越强，短期偿债能力也就

越强，反之则弱。以下为流动比率的计算公式：

$$流动比率 = \frac{流动资产}{流动负债}$$

在计算公式中，流动资产是指企业可以在一年或者超过一年的一个营业周期内变现或者运用的资产，主要包括货币资金、短期投资、应收票据、应收账款和存货等。流动负债也叫短期负债，是指将在一年或者超过一年的一个营业周期内偿还的债务，包括短期借款、应付票据、应付账款、应付股利、应交税费、一年内到期的长期借款等。

根据上述计算公式可以知道，流动比率越高，企业资产的流动性越大。流动比率太大则表明流动资产占用较多，会影响经营资金周转效率和获利能力。根据通常的经验判定，流动比率应控制在 2 以上。流动比率为 2 表示流动资产是流动负债的 2 倍，即使流动资产有一半在短期内不能变现，也能保证全部的流动负债得到偿还。这样才能保证公司既有较强的偿债能力，又能保证公司生产经营顺利进行。当然在运用流动比率评价企业财务状况时，应注意到各行业的经营性质不同，营业周期不同，对资产流动性的要求也不一样，因此流动比率为 2 的标准，并不是绝对的。

10.3.2　速动比率

流动比率高的企业的偿还短期债务的能力并不一定就很强，因为在流动资产之中，虽然现金、有价证券、应收账款变现能力很强，但是存货、预付账款等也属于流动资产的项目且变现时间较长，特别是存货很可能发生积压、滞销、残次等情况，流动性较差。因此，我们把流动资产根据资产形态分为两类：一类是存货，比如原材料、半成品等实物资产；另一类是速动资产。

速动资产是指可以迅速转换成为现金或已属于现金形式的资产，计算方法为流动资产减去变现能力较差且不稳定的存货、预付账款、一年内到期的非流动资产和其他流动资产等之后的余额。也就是说，存货、预付账款、一年内到期的非流动资产和其他流动资产不属于速动资产。速动资产包括货币资金、应收账款、应收票据等。通常它等于企业的全部流动资产扣除可能在市场上迅速脱手的那部分存货后的余额，是考察企业短期偿债能力的常用指标之一。

正如上面提到的证券等金融资产，显而易见，速动资产比存货更容易兑现，它的比重越大，资产流动性就越大。所以，将速动资产与短期需偿还的债务额相比较，就是速动比率。速动比率代表企业以速动资产偿还流动负债的综合能力。

$$速动比率 = \frac{速动资产}{速动负债}$$

速动资产是指从流动资产中扣除变现速度最慢的存货等资产后，可以直接用于偿还流动负债的那部分流动资产。但也有观点认为，应以（流动资产－存货－预付账款）/流动负债表示。这种观点比较稳妥。

由于在流动资产中，存货变现能力较差，预付账款的意义与存货等同，因此，这两项不包括在速动资产之内。由此可见，速动比率比流动比率更能体现一个企业的短期偿债能力。一般情况下，把两者确定为1是比较讲得通的。因为一份债务由一份速动资产来做保证，就不会发生问题，而且合适的速动比率可以保障公司在偿还债务的同时不会影响生产经营。

10.4 案例：蓝田的丑剧

蓝田事件是中国证券市场上一系列欺诈案之一，被称为"老牌绩优"的蓝田股份巨大泡沫的破碎，是中国股市中的一出丑剧。蓝田事件成为 2002 年中国经济界一个重大事件。

最先挑破这个泡沫的是中央财经大学的研究员刘姝威教授，她为此获得了"CCTV 2002 中国经济年度人物"。2001 年，她以一篇 600 字的短文对蓝田神话直接提出了质疑，这篇 600 字的短文是刘姝威写给《金融内参》的，它的标题是《应立即停止对蓝田股份发放贷款》。文章在对蓝田的资产结构、现金流向情况，尤其是偿债能力做了详尽分析后，得出的结论是蓝田业绩有虚假成分，而业绩神话完全依靠银行贷款，蓝田根本无力偿还 20 亿元的银行贷款。

刘姝威在文中重点分析了蓝田的短期偿债能力指标（流动比率和速动比率）。根据蓝田股份 2000 年度财务报表分析，蓝田的流动资产为 4.3 亿元，流动负债为 5.6 亿元，流动比率为 0.77，低于警戒线 1。这就意味着短期内可以转换为现金的流动资产不足以偿还短期内到期的流动负债，偿付短期债务的能力较弱。在扣除存货后，蓝田的速动资产为 2 亿元，速动比率不足 0.35（速动资产与流动负债为约数），处于相对非常危险的区域，资金链的危机突现。同时，流动资产减去流动负债后得到的净营运资金为 –1.3 亿元，这说明蓝田在净营运资金方面存有 1.3 亿元的缺口。这就意味着蓝田可能不能按时偿付 1.3 亿元的到期流动负债。

$$流动比率 = \frac{流动资产}{流动负债} = \frac{4.3 亿元}{5.6 亿元} = 0.77（均为约数）$$

$$速动比率 = \frac{速动资产}{流动负债} = \frac{2 亿元}{5.6 亿元} = 0.35（均为约数）$$

从蓝田的资产结构来看，从 1997 年起总资产就开始呈直线上升，如图 10-1 中上面的柱状图所示。不难看出，总资产在快速增加的同时，相应的流动资产（最下面的色块）的比例在不断地下滑，这就说明蓝田的资产规模主要是被固定资产（中间的色块）的不断增加所带动的。此外，图 10-1 下面的柱状图是蓝田的流动资产结构分析图。在流动资产中，除了存货（中间色块）在过往 3 年内保持总体不变外，其他可以快速变现的流动资产在不断下降。根据进一步的报表数据分析显示，蓝田存在可疑的"两高"：固定资产在总资产的占比相当高；在产品在存货中的占比相当高。

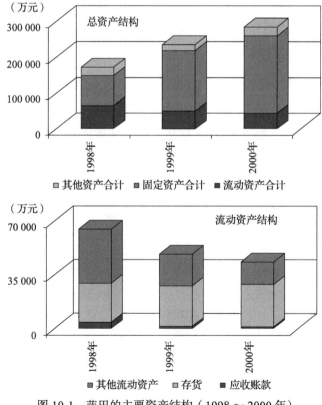

图 10-1　蓝田的主要资产结构（1998～2000 年）

要知道这些变化，尽管从表面上看好像蓝田的资产规模翻了几番，企业在不断发展壮大，但是换个角度，从债权人，尤其是银行的角度来看，其实这并不是一件好事。从银行来看，蓝田每年的偿债能力正在不断恶化，尤其是短期偿债能力，并没有得到相应的改善。蓝田甚至无法创造足够的现金流来维持正常的经营活动和保证按时偿还银行贷款的本金与利息。银行作为债权人的利益根本无法得到保障。

此外，刘姝威又比较了同行业的其他企业的各项财务数据后发现，蓝田的财务报表上的各项财务数据是一个非常奇怪和不合逻辑的数据组合。蓝田的主业是渔业和食品饮料业，而蓝田主业的收入水平"异常"高于渔业同行业的平均水平（见图10-2a），流动资产尤其是应收账款（流动资产的一部分）却又是"明显"低于渔业同行业的平均水平（见图10-2b上面的色块）。收入和应收账款之间的关系非常奇怪。通常情况下，两者应该是正相关的，而在蓝田两者没有丝毫关系。同时，蓝田的货币资金（见图10-2c是同行业中最低的，导致短期偿债能力也是所有同行中最低的。最奇怪的情况是，在流动资产中蓝田的在产品高得"异常"（见图10-2d）。

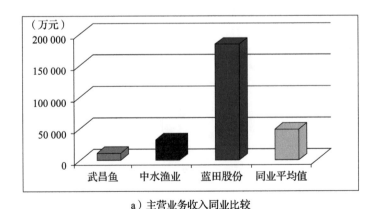

a）主营业务收入同业比较

图10-2 蓝田及同行业其他企业的主要财务数据对比

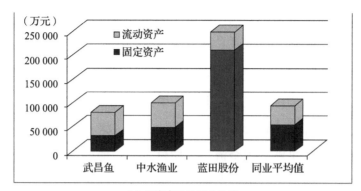

b）总资产结构同业比较

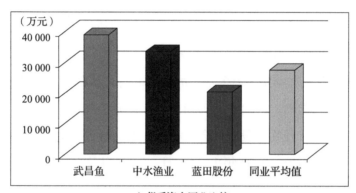

c）货币资金同业比较

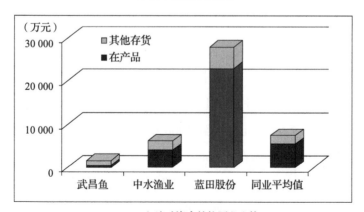

d）流动资产结构同业比较

图 10-2 （续）

从这几幅图中不难看出，蓝田的"超高"收入（高于行业平均水平近 4 倍）并没有给蓝田带来现金流，只是带来了固定资产规模的不断扩大和存货中在产品规模的不断扩大。如果只是 1 年或者短期出现这样的情况，完全可以接受。但是如果像蓝田这样，持续好几年的财务报表的数据都是这种没有逻辑关系的状况，就表明蓝田的"高"收入根本无法产生足够的现金流量来偿付企业的债务，企业偿债能力正在持续恶化。所以，刘姝威在文中建议，银行应立即停止对蓝田发放贷款。

一篇短文好似一根针扎在了蓝田这个巨大的肥皂泡上。自此一幕股市丑剧由此开始被揭开，蓝田的贷款黑洞公布于众。此后不久，蓝田在收入、固定资产和存货上财务造假的丑闻被揭露，有关银行相继停止对蓝田发放新的贷款。由此，蓝田赖以生存的资金链条断裂了。2001 年 11 月底，蓝田召开临时股东大会，承认由于银行不再给蓝田发放贷款，导致蓝田陷入困境。2002 年 1 月 21 日、22 日以及 23 日上午，蓝田被强制停牌。

蓝田简历

蓝田曾经创造了中国股市长盛不衰的绩优神话。这家以养殖、旅游和饮料为主的上市公司，一亮相就颠覆了行业规律和市场法则，1996 年发行上市以后，在财务数字上一直保持着神奇的增长速度：总资产规模从上市前的 2.66 亿元发展到 2000 年年末的 28.38 亿元，增长了 9 倍，历年年报的业绩都在 0.6 元 / 股以上，最高达到 1.15 元 / 股。即使遭遇了 1998 年特大洪灾以后，每股收益也达到了不可思议的 0.81 元，5 年间其股本扩张了 360%，创造了中国农业企业罕见的"蓝田神话"。

当时最动听的故事之一就是蓝田的鱼鸭养殖每亩产值高达 3 万元，而同样是在湖北养鱼，武昌鱼的招股说明书的数字显示：每亩产值不足 1000 元，稍有常识的人都能看出这个比同行养殖高出几十倍的奇迹的破绽。

10.5 小结

偿债能力是企业的五大关键财务指标的最后一项。我把偿债能力排在最后一位是有特殊原因的。企业的偿债能力固然非常重要，但是一家企业的偿债能力控制得再好，也不可能让企业飞速发展，盈利大幅上升。不过有一点必须指出，不论企业的发展能力如何，控制能力如何，营运能力如何，盈利能力如何，一旦偿付能力出现问题，企业就有可能破产倒闭，发展和盈利就有可能成了过眼云烟，史玉柱的故事就是最好的例子。**偿债能力好比是众多关键财务指标中的那个拥有一票否决权的指标**，控制得好固然会对企业有所帮助，但如果偿债能力指标失控，对于企业来说就是致命的。

企业的偿债能力，静态地讲，就是用企业资产清偿企业债务的能力；动态地讲，就是用企业资产和经营过程创造的收益偿还债务的能力。企业有无现金支付能力和偿债能力是企业能否健康发展的关键。

企业的偿债能力按企业资产流动性的长短，可以分为长期偿债能力（用资产负债率衡量）和短期偿债能力（用流动比率和速动比率衡量）。资产负债率、流动比率和速动比率的特性如图 10-3 所示。图 10-3 的最后两行的各指标——安全标准和预警标准是综合多家国内大型商业银行贷款放贷审核标准的统计结果所得。

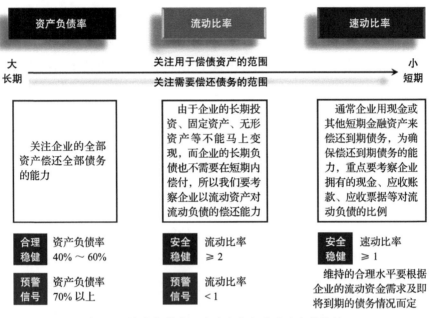

图 10-3　资产负债率、流动比率和速动比率的特性

| 第 11 章 |

好公司、坏公司

11.1　华尔街精英友人的启示

我有一位在美国华尔街闯荡了多年的精英友人，一次我们通过电话聊天，他说在上海的一位朋友，花1000万元买了一套公寓，首付300多万元，贷款700万元，月供3万元。他说自己绝对不会这样做，因为这等于是把所有的身家全部压在房产上，风险太高。最后他还得出结论，认为国内普遍缺乏风险意识。

我没有接着他的话说，也许他的结论放在其他国家是有道理的，但是在中国，有一点他一定没有注意到，中国经济在强劲增长的背景下，失业加房价下跌导致断供的风险其实是非常低的。

生活中有很多像他一样的旅欧、旅美精英，他们长期在西方生活，缺乏在中国生活的经验，也没有亲身体验中国经济高速发展带来的改变。因此他们习惯用西方已经发展趋于停滞的社会思维方式来给生活在中国社会的人做决策，这其实就是一种固化的思维方式，很容易出问题。

虽然精英友人强调注意风险是对的，但是过度强调风险会使人变得保守而错失很多机会，更可能错失中国历史上最难得的经济高速增长期。

11.2　草根创业者们也不愿错失的 20 年

有很多人小时候是光脚满地跑、没有见过飞机和火车的农村孩子，到三四十岁时却是在大城市里有房有车、穿着西装的白领精英。

这么巨大的变化和机会，错过了真的是太可惜了。我经常和同行说，一定要珍惜中国下一个繁荣的 20 年。你以后可能很难再会看到一个以 7% 增速发展为目标的快速变化的社会，更多地会看到一个只有 3% 甚至 2% 增速的节奏缓慢、变化缓慢的社会，就像今天的美国。到那时，像你我身边现在这种焦虑的快节奏生活，很可能将会终结。与之相对应的是，财富暴增的机会也大大减少，那时候我们回忆起现在，也许会脱口而出：想当年……

11.3　从财务报表看价值投资的时代

这是最好的时代，也是最坏的时代。

每天当我经过金融街的高楼大厦时，脑海中就会想起这句狄更斯的经典名句。随着时代的前行，中国资本市场的分化，传统的投资炒作，成为愚蠢、黑暗、失望、一无所有的代名词。相对而言，价值投资逐渐成为智慧、光明、希望、应有尽有的代名词，越来越多的投资人开始相信这登上财富顶端的阶梯。

对于价值投资者来说，这个时代无疑是一个巨大的历史机遇。

在当前环境下，我国资本市场历经变革、不断完善，取得了长足的进步，与全球资本市场的互联互通也不断深化，市场参与者的类型日益丰富、数量快速增加。在这一过程中，不同类型的市场参与者为我国资本市场带来了不同的投资策略与理念，从基本面分析到技术面分析，从动量策略到反转策略，从炒作题材到坚守蓝筹，不一而足。但是从欧美成熟发达资本市场的经验看，在各种投资方法中，价值投资始终处于核心地位，从格雷厄姆到巴菲特，能够保持长期稳健超额收益的投资大师大多是价值投资理念的拥护者。

为什么我会从财务说到价值投资？因为两者大有关系。

对于公司来说，公司的使命在于创造价值，而财务报表无疑是体现公司价值创造能力的一面镜子。通过财务报表，只需要一点点简洁的会计语言，一家公司的经营成果就能全面地展现在我们面前。

阅读和分析财务报表既是一门科学，也是一门艺术，这不仅需要扎实的财务会计理论知识基础，来读懂每个会计数字所代表的基本含义，还需要对企业运营管理有长期深刻的理解，挖掘一系列数字背后所反映的企业内外部信息，从而更好地理解企业的过去，把握企业的现在，判断企业的未来，并采取科学的应对策略。

11.4 所有人都想知道的答案

在本章之前，我用了5个章节分享了财务三大报表的基础知识，又用了5个章节分享了财务三大报表在财务分析中的实践运用。其间我们也发现了一些非常优质的公司，比如刘强东的京东、美国的苹果、中国第一股贵州茅台等。这些公司不仅自身发展迅速，同时也给投资者带来了丰厚的回报。

在我的职业生涯中，我经常会被问到各式各样的有关财务的问题，很多问题都停留于表面，但是有一个问题，让我印象特别深刻。2018

年,我有幸被邀请参加一个 CFO 论坛,现场做了一个有关如何创造价值的财务管理的演讲,结束后台下有一位观众提问:"市场上不乏一些优质公司,这些公司有没有相似的地方呢?有没有一种方法,能帮助我们筛选出那些优秀的公司呢?"

看到这里,我相信每位读者都一定想知道这个问题的答案。每个人都希望自己能找到最好的公司,做时间的朋友,这也是价值投资者最好的诠释。但如何鉴别一家公司的好坏,挑出好公司是投资者最头痛的问题。我可以拍着胸脯说,下面的这段内容,不仅是之前 10 个章节的总结,更是一个财务人多年工作经验的分享,可以解答你们最关心的这个问题。

现在我就用最后这一点篇幅,来总结优秀企业的财务报表的共同点,让大家尽快抓住价值投资的精髓,同时不再错失这个时代带给我们的红利。

11.5 好公司还是坏公司

我经常挂在嘴边的一句话就是:坏的公司各有各的坏法,但好的公司一定能够从财务报表中找到一些共同特点。

11.5.1 好公司的利润表特征

既然是财务报表的特点,那么我们就先从利润表入手。

一家公司能否创造利润,是否具有持久的竞争力,都能通过利润表分析出来。一家好的公司,它的销售成本应该是越少越好,只有将销售成本降到最低,才能够将销售利润升到最高。这直接影响公司产生毛利润(又称毛利)的多少。毛利是所有利润的源头,确保毛利空间是确保利润实现的最重要保障。当然不同行业的毛利率是不同的,但比较同一行业的毛利很容易帮助我们看到好公司和坏公司之间的差异。正常情况下，毛利应保持相对稳定，商业模式的创新、技术的革新和上游的价格变动才可能引发毛利率的异常变化。毛利润在一定程度上可以反映公司的持续竞争优势，只有毛利率高的公司才可能拥有高的净利润。就像美国的苹果，只要公司具有持续的竞争优势，它的毛利率就处在较高的水平，公司就可以对其产品或服务自由定价，让售价远远高于其产品或服务本身的成本。如果企业缺乏持续竞争优势，其毛利率就处于较低的水平，企业就只能根据产品或服务的成本来定价，赚取微薄的利润。如果一家公司的毛利率长期保持在行业的领先水平，那么这家公司一定具备成为好公司的潜力。

利润来自销售收入，如果进一步深入对利润的关注必然延伸到销售收入。好公司的销售收入应该不存在对个别客户过度依赖。对个别客户或者个别区域的过度依赖通常意味着经营风险较高，合理的客户结构和区域结构是健康销售收入的保证。

主营业务清晰，公司战略才能坚持持久，反馈在财务报表上，主营业务收入应该占据整个收入的大部分。其他业务收入、资产转移收入、投资收益等特殊收入如果占比过高，一定是出现了异常，需要特别警惕。经营的稳步增长对应的必然是盈利能力的稳定。通过财务造假造出的盈利一定无法持久。当然真实状态下的盈利不稳定也意味着业务不稳定和收入不稳定。

在公司的运营过程中，销售费用和管理费用同样不容轻视。公司在运营的过程中都会产生销售费用，销售费用的多少直接影响公司的长期经营业绩。根据我个人的经验，这类费用所占的比例越低，公司的投资回报率就会越高。如果一家公司能够将销售费用和管理费用占毛利润的比例控制在 30% 以下，那么它就是一家好公司。投资者要寻找具有低销售费用和管理费用的公司。

和同行业的其他公司相比，那些利息支出占营业收入比例较低的公司，往往是最具有持续竞争优势的。利息支出是财务成本，而不是运营成本，其可以作为衡量同一行业内公司的竞争优势，通常利息支出越少的公司，其经营状况越好。

11.5.2 好公司的资产负债表特征

记住巴菲特的一句话，没有负债的公司才是真正的好企业。好公司是不需要借钱的。如果一家公司能够在极低的负债率下还拥有比较亮眼的成绩，那么这家公司是值得我们投资的。投资时，一定要选择那些负债率低的公司，也要尽量选择那些业务简单但做得不简单的公司。

那么为什么说没有负债的公司才是真正的好公司呢？打个简单的比喻，负债经营对于公司来说就好像带刺的玫瑰。如果玫瑰上有非常多的刺，你怎么能够确信自己就能不被刺扎到呢？最好的方法就是，尽量选择没有刺或刺很少的公司。

在分析一家公司的负债率时，我们一定要将它和同行业的其他公司进行比较，这才是合理的。虽然好公司的负债率都比较低，但不能将不同行业的公司放在一起比较负债率。

对于生产型企业和商业型企业而言，存货是造假的重灾区，但凡造假的企业必然出现存货异常。在真实的经营中，存货在资产中的比重和周转速度一般也揭示了企业经营能力的强弱。

超出行业标准的大量的应收账款往往意味着企业销售出现异常，这种异常可能是向渠道压货，可能是竞争形势恶化，甚至可能是收入造假所致。只有与收入增幅相当的应收账款才可能是合理和真实的。

固定资产是否真实，是否闲置，是否高品质也会影响到公司的整体资产质量。另外，尽量选择那些不需要持续更新固定资产的公司。这样的公司不需要投入太多资金在更新生产厂房和机器设备上，相对地，它们可以为股东创造更多利润，让投资者得到更多回报。

11.5.3　好公司的现金流量表特征

现金流量表是反映公司现金流入与流出信息的报表。这里的现金是指企业的库存现金以及可以随时用于支付的存款，它不仅是指公司在财会部门保险柜里的现钞，还包括银行存款、短期证券投资和其他货币资金。

现金流量表可以告诉我们公司的经营活动、投资活动和筹资活动所产生的现金收支活动，以及现金流量净增加额，从而有助于我们分析公司的变现能力和支付能力，进而把握公司的生存能力、发展能力和适应市场变化的能力。

如果水里没有鱼，你就捕不到鱼；如果公司根本不产生自由现金流，投资者怎么能奢求从中获利呢？获利的只可能是那些利用市场泡沫创造出泡沫的公司而已。只有企业拥有充沛的自由现金流，投资者才能从投资中获得回报。投资者在分析公司时要注意：如果一家公司能够不依靠不断的资金投入和外债支援，仅仅靠运营过程中产生的自由现金流就可以维持现有的发展水平，那么它就是一家好公司。自由现金流非常重要，在选择投资对象的时候，我们不要被成长率、增长率等数据迷惑，只有充裕的自由现金流才能给予我们投资者真正想要的回报。

我比较关注经营活动现金流，因为经营活动是公司的主营业务，这种活动提供的现金流量，可以不断用于投资，然后生出新的现金来，来自主营业务的现金流量越多，表明公司发展的稳定性就越强。好公司的经营活动现金流应该为正，这标志着公司拥有较好的造血能力。但很多时候经营活动现金流也可能为负，通常意味着盈利情况较差。

投融资活动同经营活动有所不同，常常揭示了公司的战略方向，如果对外宣布的公司战略同实际表现出来的投融资活动不相吻合，那么你就要小心了。如果投资活动产生的现金净流量大于0，那么表明公司处置固定资产、无形资产和长期股权投资所收回的现金大于投入的金额，即流入比流出多，反之则流出比流入多。公司的投资活动是为闲置资金寻找投资场所，起辅助作用，服务于主营业务。对内投资的现金流出量增加，意味着固定资产、无形资产等的增加，说明公司正在扩张，这样的公司其成长性较好；对外投资的现金流入量大幅增加，意味着公司现有的资金不能满足经营需要，要从外部引入资金；如果对外投资的现金流出量大幅增加，那么说明公司正在通过非主营业务活动来获取利润。

在筹资活动现金流方面，如果净流量大于0，那么表明公司吸收的投资金额小于利息支出、股利分配等金额，即流入比流出多，反之则流出比流入多。现金流量净额为正，反之为负。

筹资活动则是为经营活动筹集资金，这两种活动所发生的现金流量，都是辅助性的，且服务于主营业务的。这一部分的现金流量过大，则表明公司财务缺乏稳定性。

财务三大报表大致如此。简单吗？难吗？

11.6　真正的高手从不只学一半

那么问题来了，是不是在投资前只要看财务报表就足够了？

看过金庸小说的读者一定知道，要想学成绝世神功，内功心法与武功招式缺一不可。分析一家公司也是同样的道理，除了要学会看财务指标的内功心法之外，还要有一套找出好公司的独门招式。

我们常说男怕入错行，女怕嫁错郎。不同行业之间的差异性和重要性是显而易见的。要找到好公司就必须要了解这家公司做的是不是一个好生意？行业空间够不够大？竞争是不是很激烈？门槛够不够高？与之对应的就是寻找好公司的一套独门招式：优秀的商业模式、广阔的行业空间、羸弱的竞争对手、高大的准入门槛。

一家好公司的商业模式的核心就是它靠什么赚钱。有些行业能很轻松地赚钱，有些则吃力不讨好。分析商业模式可以避免少"踩地雷"。商业模式主要是用来排除企业的，尽可能投资那些商业模式简单的企业。

俗话说，小池塘里养不了大鱼。一般来说，一家公司所在的行业空间有多宽广，这家公司的未来就有多美好。要找到好公司，就要看行业空间和供需关系。比如一家公司的产品或服务是处于供不应求的阶段，还是趋于饱和。一般地，新兴的行业都是好公司的摇篮，特别是那些龙头公司。对于市场已经饱和的行业就要看公司的整合以及供给侧改革了。比如有竞争优势的龙头企业会通过收购劣势企业，扩大自己的市场份额，降低产品成本，从而提升竞争力，获得产品的定价权。

不要神一样的队友，只要猪一样的对手。一家公司的竞争环境很重要，好的公司是那种能够"不知廉耻"地提高自己产品的价格，一旦哪家公司有打价格战的倾向，马上远离。比如白酒行业，贵州茅台从不打价格战，天天提价，市值天天上涨，不仅没有因为价格高而拖累业绩，反而活得很滋润。相比之下，啤酒行业就是反面教材，大家耳熟能详的青岛啤酒，股价竟然多年都没有涨，反而还跌了。为什么？就是市场上的老大和老二总是打价格战，导致整个啤酒行业萎靡不振。

因为比特币的出名带火了区块链技术，在这个资本过剩的时代，任何有利润的行业，资本都会一拥而上，号称自己拥有区块链技术的公司如雨后春笋般涌现。所以，门槛很重要，你要么独占资源，要么有牌照限制，要么你做的别人做不了，要么你比别人成本低，要么你有技术优势或有品牌优势。以前的 LED 照明、光伏等行业，因为门槛不高，大家蜂拥而至，导致行业饱和，结果都亏损，这都是惨痛的教训。

我总结出了一句话：**修炼内功是为了找到好公司，研究招式则是为了排除坏公司。**

如果有人接着提出这个问题：我从来都不看财务报表，也不想研究行业，有没有办法判断一家公司的好坏？我很欣喜地告诉你，有的！你可以从不看财务报表，从不研究行业，但你一定要找专业人士帮你看，听专业人士的建议和结论，效果是一样的，很多有钱人都是这样做的。

最后，从未来的中国经济和资本市场发展看，毫无疑问的是，对外开放程度还将不断提高，诸多行业的竞争格局、上市公司的地位、投资者的结构正在经历由量变到质变发展的前夜，核心资产的价值必将重构，中国资产的价值投资时代正在到来。

凡是过往，皆为序章。

我相信：及早开拓自己的见识，融会贯通本书的知识，拥抱中国经济新时代，挖掘市场中的优质公司，长期持有核心资产，毫无疑问，依旧是分享中国未来发展成果的最好选择之一。

请记住：

企业的价值 = 产品 × 效率 × 风险